THE POLITICS OF CURRICULUM AND SCHOOLING:

HISTORICAL APPROACHES

课程与学校教育的政治学

——历史的视角

[英] 艾沃·古德森　著
IVOR GOODSON

黄　力　杨灿君　等　译

教育科学出版社
·北京·

目　　录

译序：古德森教授学术思想介绍

特纳在其风行全球的理论教科书《社会学理论的结构》中，有关"理论的本质"的论述在不同版本之间有着非常微妙的变化，前几个版本还洋洋洒洒地谈理论的本质到底是什么，从第七版开始，特纳的态度突然来了一百八十度大转弯，径直宣称"理论是有关事件怎样和为什么发生的故事。因此，社会学理论就是有关人类如何行为、互动和组织自身的故事"①。

如果我们认可特纳这一"理论观"的话，认可理论就其本质而言乃是一种叙事的话，那么我们了解某一理论之前，我们有必要对提出这一理论的理论者有所了解，我们有必要知道这位理论者到底是谁，他有什么样的人生经历和学术经历。对于古德森教授的《课程与学校教育的政治学——历史的视角》这本书来说，情况也不例外。下面我们简单了解一下古德森教授的生活史与学术史。

古德森教授出身劳工阶层，并且毫不避讳这一事实，反复强调劳工阶层的家庭出身决定了他研究的基本立场：为学校教育场域中处境不利的学生和老师发出声音，并不断努力揭示出造成教育场域中弱势群体不利处境和不公正待遇的社会历史与微观政治原因。与一般的教育研究者不太一样，古德森教授不仅有着教育学领域扎实的学术训练和理论基础，也有经济学和历史学方面严格的学术训练，更有着近十年的中学一线教师的教育教学实践经验。

---

① 乔纳森·特纳. 社会学理论的结构 [M]. 邱泽奇，张茂元，等，译. 北京：华夏出版社，2006：1.

出身劳工阶层的古德森教授认为教育曾经改变了他自己的命运，所以他想帮助更多的劳工阶层子弟也能通过教育实现向上的社会流动。因此，1968年，古德森教授放弃唾手可得的博士学位，辞去金斯顿大学讲师职位，决心不再从事与自己生活和兴趣无关的学术研究，不再为富家公子和千金们服务，毅然决然地去了一所综合中学任教。他相信在新兴的综合中学中，来自弱势阶层的学生将和来自强势阶层的学生受到同等的待遇，他希望自己在综合中学中能帮助更多的来自弱势阶层的学生。在任教的过程中，古德森教授产生了许许多多关于学校教育实践的困惑。概括地讲，就是为什么即便教师在教学的时候对不同社会阶层出身的学生一视同仁，学生也几乎同样努力的情况下，劳工阶层子弟的学业依然不如中产阶级与强势阶层子弟优良，劳工阶层子弟在学校中的处境依然不容乐观。古德森教授认为除了伯恩斯坦的"编码"理论与布迪厄的"文化资本"理论揭示的原因以外，社会历史建构出来的学校课程也是导致这一现象的重要却经常被忽视的原因。于是，古德森教授在任教近十年之后，毅然再次放弃拥有的一切，到年轻的苏塞克斯大学攻读博士学位，研究英国中学课程的"社会史"，即一门课程是如何经过不同社会利益集团之间的博弈和斗争而最终取得官方认可的合法地位的。古德森教授凭借对中学课程形成的社会历史机制的出色研究不仅顺利拿到博士学位，更引起欧美学术界的广泛关注。古德森教授的博士论文中文版由南京大学贺晓星教授等翻译并于 2001 年在华东师范大学出版社出版，名为《环境教育的诞生》。

获得博士学位之后数年间，古德森教授从事了一系列关于课程的社会史研究。与以往课程研究要么侧重社会建构要么侧重历史演变的研究取向不同，古德森教授的课程研究很好地将社会学与历史学的视角结合起来，尤其是侧重微观历史的考察。这一新的研究视角将课程的社会建构与历史发展中各种社会势力之间的博弈，以及围绕有限社会资源之间的斗争完整而清晰地揭示了出来。因此，在国际课程学界，古德森教授有着广泛的学术影响力。曾任国际课程学会主席的威廉·派那教授称古德森教授为"当今课程领域最重要的一位学者"。美国出版商 Sense Publishers 2009 年出版了两本和古德森教授课程研究有关的著作，一本是《课程研究领域的领导者》①，另一本是《全面、深入而智慧的理解：课程研究中的生活史与生活政治——威廉·派那与艾沃·古德森教授的对话》②，这两本书都将古德森教授在课程领域的研究放在很重要的位置。正是凭借着在课程研究领域所取得的一系列开创性的研究成果，古德森教授在拿到博士学位后短短六年就成功地获得了正教授的职位。

在课程研究领域取得了一系列成果之后，古德森教授的学术焦点开始转移到一个很当下的实践问题上：为什么全球范围内轰轰烈烈开展的、以提高学校效率以及满足不同社会阶层群体教育需求为目标的课程改革与教育改革大部分都失败了？围绕这一问题，结合自身的学术视角和实践经验，古德森教授开始关注教育改革中的教师问题。在考察以往有关教育改革的研究的过程中，古德森教授注意到了教师这一被以往研究忽略的角色。在古德森教授之前，大量的有关教师的研究停留在宏大叙事的水平上，试图通过对教师角色的设定标准等一系列应然性的研究来解决教师在教育改革中的不适应的实际性问题。这种理论应然和实践实然之间的巨大脱钩，导致了教师研究缺乏理论的创新与实践的关怀。古德森教授通过引进生活史视角，在研究中将教师作为一个整体的"人"予以展现。在教师生活史研究中，我们可以清晰地从教师的视角了解到教育改革背景下教师的生存状态，了解到作为一个有血有肉的个体的人在教育实践中所遭遇到的各种问题与困惑。从教师生活史视角出发，我们就可以很好地理解为什么那些以市场化为底蕴的旨在提高学校教育绩效和课程标准化的改革大部分都失败了。可以说，教育政策制定者对教师考虑的不充分和教育理论研究者对作为最主要教育实践者的教师的忽视是改革失败的最根本原因。"生活史"理论在教育改革和教师研究中取得了一系列推进之后，古德森教授将生活史理论在方法论层面进行了提升与规范，并发现了一个新的理论增长点：叙事与学习的关系。目前古德森教授正在进行的欧盟课题就是围绕着这一主题开展的。

---

① Edmund C. Short, Leonard J. Waks. Leaders in curriculum studies [M]. Rotterdam; Boston: Sense Publisher, 2009.

② José Augusto Pacheco. Whole, bright, deep with understanding: Life story and politics of curriculum studies: In-between William Pinar and Ivor Goodson [M]. Rotterdam; Boston: Sense Publisher, 2009.

　　通过以上对古德森教授学术研究轨迹的非常粗线条的回顾，我们不难发现，古德森教授是一位实践意识非常强烈的理论研究者。他的所有研究可以说都是围绕着一个很明确的实践问题而展开的。简单介绍完作为理论"研究者"的古德森教授之后，我想我们非常有必要了解一下作为现实生活中的"人"的古德森教授。

　　可以说，在现实生活中古德森教授是一个不折不扣的"性情中人"。1968 年，在即将完成伦敦政治经济学院的经济学博士论文和拿到哲学博士学位之际，伯恩斯坦的一篇论文《开放社会》将他彻底"解放"了，他放弃了伦敦政治经济学院唾手可得的博士学位与金斯顿大学的讲师职位，可以说几乎放弃了一个劳工阶层子弟在学校里近十年刻苦奋斗所获得的一切。古德森教授觉得这些东西远离自己的生活世界，远离自己的人生理想，远离自己的思考兴趣，他想做一点和自己的生活相关的、和自己的兴趣相关的、和实现自己的人生价值与意义相关的工作，因此，古德森教授到了伦敦教育学院接受教师资格培训继而到综合中学任教近十年。

　　在中学任教近十年后，古德森教授带着自己在实践中遭遇的困惑和阅读的理论积淀来到苏塞克斯大学攻读博士学位。拿到博士学位以后，本来可以凭借自己出色的博士论文留在苏塞克斯大学任教，但 1978 年"不满的冬天"却改变了古德森教授的人生轨迹。古德森教授热烈支持的轰轰烈烈的工人罢工运动最后以失败草草收场，这使他对英国撒切尔政府开始有点心灰意冷，碰巧加拿大西安大略大学能提供一个职位，古德森教授便携全家远赴加拿大西安大略大学任教。之后，他在西安大略大学开展了一系列原创性的出色的课程领域的研究，并在该校获得正教授职位。对于欧美学界而言，加拿大还是处在一个相对边缘的位置，于是在学术上取得一系列学界公认的研究成果之后，古德森教授转战美国，在纽约罗切斯特大学华纳研究生院谋得一份教职，领着十分优厚的教授薪水。2001 年，令古德森教授讨厌的"保守的右派"小布什当选总统，于是，古德森教授再次毅然放弃"美国的薪水"[①]，回到自己"英国

---

　　① 林语堂的人生新四大快事："领美国薪水"，"住英国乡下"，"吃中国美食"，"娶日本太太"。

的乡下"。一开始在东安吉利亚大学任教，后来转战布莱顿大学。布莱顿是苏塞克斯郡的首府，是古德森教授获得博士学位、结婚和自己唯一的儿子安德鲁出生的地方，在某种程度上可以说不仅是古德森教授现实的家乡，更是古德森教授精神的家园。

以上我们对古德森教授的学术经历与人生经验的大概介绍，我认为可以用以下四句话来概括：劳工阶层的社会出身让古德森教授始终站在弱势群体的立场发出声音；实践意识让古德森教授的研究始终关注教育改革与实践的一线问题；经济学、历史学、社会学等多学科的学术训练让古德森教授能以更宏观和细腻的理论视角来审视教育实践；作为性情中人的古德森教授的研究充满了自己鲜明的个性特色。

这种鲜明的个性特色体现在古德森教授学术研究的方方面面。首先就是古德森教授的著作大部分采取了历史学、政治学与社会学相结合的研究方法。这种综合性的研究视角一方面取决于古德森教授自己受到的学术训练，另一方面也与古德森教授研究的教育实践这一主题密切相关。这种研究视角将教育实践的历史生成与社会互动以及教育场域中各个组成部分之间的博弈与斗争完整地揭示了出来。

我曾询问古德森教授历史学、政治学与社会学相结合的研究方法优势体现在何处，他这样答道：第一，人的行为不仅受社会情境的制约，更是受到历史经历的影响；不仅是社会建构的，更是历史生成的。他很推崇布迪厄"惯习"这一概念，他认为这一概念很好地说明了个体行为的历史生成。第二，任何宏大叙事都无法代表处在弱势地位的个体的声音。因此，我们必须让教师发出自己的声音，我们必须了解教师的生活史。第三，个体不是被动接受一切制度的制约和指导，而是有着自己思想和偏好的能动者，如果某一制度和政策不受行动者的内心认同，那么行动者就肯定会以各种策略来抵抗这一制度与政策。

这种鲜明的个性特色还体现在古德森教授的语言风格上。古德森教授的论著行文风格比较晦涩，行文中大量涉及社会科学各个不同研究领域的专业词汇。我曾半开玩笑式地问他为什么论文语言风格如此晦涩，弄得论文有点像伯恩斯坦的"局限编码",非内行不能看懂也。他这样回答笔者:"我曾经在学校里因为语法和用词不够得体受到老师的批评,今天,我要用最好的词汇和语法来表达自己的思想。"这一点和法国社会学家布迪厄的风格比较接近,并且,布迪厄也是劳工阶层出身。或许,童年那些学校教育中不太愉快的生活经历让这些思想家终生难以忘却。

高　政
2013 年 4 月

导论　课程与学校教育之研究

1997 年，我回到故乡英格兰工作。回乡的欣喜之余，我便计划写几本总结我教育思想的著作。但这一计划却由于我那时获得了两项重大的科研项目而未能启动。第一个项目名为"学习生活：人生历程中的学习、认同与能动"（Learning Lives：Learning, Identity and Agency in the Life-Course）。这一项目是英国政府的教学与学习项目的一部分，由经济与社会研究委员会资助，旨在理解人生历程中各种境遇变化中的学习，并采用生活史的方法来获取资料。

还有一个是为期四年、由欧盟（立项）资助在八个欧洲国家展开的关于"职业知识"（Professional Knowledge）的研究。依然采用的是生活史方法。

因此，在 2009 年以前的这些年里，有关学习、课程与生活政治的研究就扎根于这两项极具生命力的项目。希望这些主题最终能够获得更大的关注，也能表达得更为清晰。

我的大多数研究都持有这样一个信条，即：如果我们想要理解社会与政治，就必须理解个人和人生经历。这一观点虽然平常，但是却可以让我们从一个极为有益的视角来审视教育。最近，整个西方社会，有关教育和社会变迁的著作以及类似的政府创新行动，大多有意无意地忽视关键人物的个人使命与人生轨迹。这种忽视常常给支持者和专业人士实施"符号行动"提供证据，实际改革的成效却远不及形式的宣传给人的印象深刻。有时，一开始以符号形象呈现出的目标导向（targets）、绩效考核（tests）以及各种数据表格等能够赢得广泛支持，后来却证明，从实践的角度来看其效果常常并不明显，或者甚至是与最初宣传的形象背道而驰。矛盾之处便常是对个体使命及人生经历的忽视或否认。这些正是我们在本研究一开始（而不是在研究结束时）就进行积极定位（也确实是我们的研究策略）的一个良好的切入点。

在一些著作中，我探讨了学校教育中的科目是如何成为"不变的给予"（timeless givens）的社会政治过程。事实上，"传统科目"转而成为"传统发明"的例子，一如在其他许多社会领域中的那样屡见不鲜。长存于学校教育及课程领域的传统，必须要获得强有力的"支持者"，没有这样的支持，各种新的挑战就永远不会受到牵制。因此，传统的学校科目都能与外部有力的支持者保持最大程度的协调。致力于帮助那些更为弱势群体的各种课程建设，必定会受到有势力的外部支持者的"恶毒攻击"。所以，学校课程的稳定性是与外部支持者的认可程度相对应的。

在笔者的第一本书《学校科目与课程变迁》（*School Subjects and Curriculum Change*）中①，我就注意到了控制与结构、机制与调解之间的区别。这是要说明，有关课程的任何断言都必然受到我们所讨论的历史阶段的制约。一定意义上，新结构的建立，就是为了运行新的"游戏规则"。同时，新结构的确立也可视作是控制，而新结构确立之后的阶段则是调解。我们将在本书的前几章提到，20 世纪 60 年代及 20 世纪 70 年代早期是大多数西方国家进行社会改革的阶段。在这个阶段，社会使命与社会运动的目的在于维护社会正义与促进社会包容。在前几章我们会提到，这些社会使命与社会运动引导出致力于扩展社会包容的严肃的教学及学校教育实验。对于这些新的教育活动，我的观点是，不去争论它是否为实现社会包容的那些永远捉摸不定的方案提供了什么答案，而是要去描绘那些作为这一社会运动之组成部分的各种目的、各种教学以及教育实践。在最近的一个阶段，"社会包

---

① 中译本《环境教育的诞生》，贺晓星、仲鑫译，华东师范大学出版社 2001 年出版。——译注

容"再次浮出水面，但这次是以教育机会分层化的策略出现的，是一种孤立的教育政治学用语。由于这一用语对于早期的实验与社会运动了无兴趣，所以，很难相信它有严肃的目的。学校为情境惯性所累，以至于完全忽视历史，这样的做法既幼稚又自欺欺人，可以肯定地说，这是不明智的，也是盲目的。

但事情不仅于此。世纪转折之际许多事情与撒切尔 1979 年当选以及里根 1980 年当选后的阶段发生的巨大变化与逆转类似。例如，英格兰 1904 年的中等教育结构与 1988 年的"国家课程"之间的相似性极为明显。我注意到，1904 年的结构表明，提供给文法学校学生的那些课程与在寄宿学校中以及为劳动阶级开发出来的那些课程是正好相反的。在这一点上，主流利益群体明显在厚此薄彼。"二战"后直到 20 世纪 60 年代末期的那些年，追求更为平等的力量创建了综合中学，使得所有阶级的孩子都能平等地在一个屋檐下学习。正如我们先前所关注到的，一些新的课程改革试图重新定义并挑战文法学校课程以及社会特权阶层的联合模式，正是为了击溃这种挑战，撒切尔政府的失误才不断暴露出来，"国家课程"便是一例。在不断寻求挑战与修正这些变革及其意图的过程中，政治右派主张恢复"传统的"（如文法学校）科目。国家课程可看作这些政治集团利益与意图取得胜利的政治宣言。某一特定的观念、国家某一特定的被喜好的部分因此得到重新恢复并被置于优先地位，正如以"国家"的名义合法化一样。

课程构型的变化给我们提供了考察社会与政治的意图及目的的试金石。当社会力量的平衡和基本经济的发展经历周期性变化的时候，我们也可以看到构型的变化。在"改革大潮"中，利用斯宾塞基金项目"长期变革"所获取的大量的档案资料，我试图描绘出教育改革的长周期。看一下美国和加拿大，课程与教学之变革的主要"局势"都有着明显的相似性。追求社会公正的类似模式在英国 20 世纪 60 年代末期及 20 世纪 70 年代早期也可见到。所有的学校都受到进步愿望的影响而努力去建设一个以社会包容及社会公正为特征的"伟大社会"。一些学校（如后面几章提到的综合学校）追求"彻底的"革命性变革，另一些学校则在更为常规的学校教育场域中追求实现社会包容。

前面提到的逆转模式，同样也适用于在标准化考试与系统分化新模式（如"磁石学校"，Magnet Schools）推广后的教育场域。这是改变学校教育的世界运动的组成部分，常与世界新的经济秩序的出现相关联。一些评论家将之称为"市场原教旨主义"（market fundamentalism），其围绕着学校效率与择校等概念，带来一种竞争性的商业气氛。学校教育的这种积极的市场化有许多含义，其一便是使得各类课程之间的争斗显得没有意义。由课程带来的生涯机会的差异，被积极地转交给了市场，市场根据特殊的学校地理位置与系统来分配资源，这些位置与系统越来越与各种模式的居住地相对应。

20 世纪末期剧烈的社会与政治变革，在教育方面体现为上述教育变革，这对那些有意对此进行研究的人们发出了挑战。作为生涯机会的一种分配装置以及绩效考核、目标导向、图表数据的突出表现者，课程不断变化的地位形态已经改变了社会及政治行为的焦点。因此，我们必须反思这一转变，并对我们研究的问题与采取的方法进行重新的思考。

一开始我便主张，如果我们想要理解社会与政治，那我们须得去理解个体与人生经历。就研究焦点及方法的选择而言，没有什么比生活史的适当性更真实的了。我曾试图去表明"我来自哪里"，而这正体现了一种鲜明的态度，而这种态度有助于社会包容与社会公正的斗争。我也曾试图为理解社会的可能性提供一种历史的背景。20 世纪 60 年代及 20 世纪 70 年代达到顶点的霍布斯鲍姆（Hobsbawm）① 所说的平等主义黄金时代很明显已经过去，在他的记述中也明显呈现出了一些个人的怀旧之情。（Hobsbawm，1994）但我确实在力图避免及警惕自己对黄金时代的怀念，正如拉什（Lasch）曾提醒我们的：怀旧是对记忆的放弃。（Lasch，1979）因此，我应该记下黄金时代的几个神话。包括学校在内，许多公共服务系统开发出了这样一种文化，它有利于服务的提供者而非接受者，而工会有时还会激化这一问题。像其他

① 霍布斯鲍姆，1917 年生，荣誉勋爵，不列颠学会会员，英国马克思主义历史学家。——译注

团体一样，公共的和专业的团体也会为了自己的目的而去争夺资源，而一味地放任，各种进步的实践会发展为松懈、无责任以及专业的自我膨胀。在许多方面，1970 年代英国提供了这样的一个案例，这一案例最终结束于弥漫在工人及工会"不满的冬天"（winter of discontent）① 的氛围中。而正是在这种氛围里，撒切尔政府粉墨登场。

对 20 世纪 70 年代冲突的挖掘、责任的归因及事由的描述，是史学家们正在进行的工作。本书观点的重要之处在于，指出了在最近的各种改革与重建之前，公共服务系统的所有事情都不是它应该的那个样子。最好的专业人员在提供社会包容方面采取一种"关怀的职业主义"（caring vocationalism）的态度的同时，我们也能见到许多自私的专业主义（self-serving professionalism）的例子。我们的任务是，一如既往地，不但去试图理解更广阔的社会改革运动，也试图去理解个人生活史中的具体的体现和嵌入。

本书从一开始就力图关注这一焦点，并在后面的几章对人们日益增长的"生活政治"这一焦点进行方法论以及本质论的讨论。我相信，新的世界秩序的形成使得"生活政治"比我们提到的先前那些时期要显得更为重要。这种情形，一部分来自"个体化社会"的凸显——与之前相比这个社会显得更加"个体化"，在这种情境下，个体的生活政治成为社会争夺的场所。理解社会变革的焦点曾经体现为集体性的社会运动，如学校或课程改革，而现在，理解社会变革的主要策略应聚焦于个体的生活政治。

正如里夫斯（Reeves）所说：

个体正逐步取代集体而成为政治行为、政治分析以及政治冲突的场所。问题并不是每个人都变得更自私，而是自我正成为比阶级或团体更重要的部

---

① 英国首相詹姆斯·卡拉汉自上任以来，一直主要以控制劳工阶层的薪金加幅来解决长期的通货膨胀问题，而且也取得了相当的成功。卡拉汉在 1978 年决定继续限制薪金加幅在 5% 或以下。可是，这次工会却不再妥协，反而对政策做出了激烈反对，以期得到更高的加薪幅度，在 1978 年至 1979 年间的冬天，英国出现了一连串的工业纠纷和大罢工，使市政服务陷于停顿，经济处于混乱状态，史称"不满的冬天"。——译注

分。这部分的是由于生活方式有了更大的选择空间而既有的投票模式正在被打破。更重要的是，稳定的政治归属正在持续地解体。因此，1997年，工党比保守党赢得了更多中产阶级的选票。这既不是一个进步也不是一个倒退，这仅仅是个事实。

结果之一是，一位有经验的政治观察者称之为"愤怒的个体化"的出现。人们会很愤怒，但一般是作为个体而非团体的愤怒。过去我们有愤怒的贾罗游行①（Jarrow marchers），现在我们有个体的路怒症；过去我们有人多势众的工会，现在我们有技术精湛的专家。许多正在进行着的争斗——例如，工作与生活，饮食节制与饱食终日，好的与差的养育方式——正是在个体内部展开的，而不是在个体之间进行的。（Reeves, 2004, pp. 23 – 24）

本书的后面几章采用生活史的方法来理解社会世界。生活故事、叙事与完整展现的生活史的重要区别是：故事或叙事受制于特定的历史情境。正是在这些历史情境下，个体的生命才能得以展开与嵌入。我们叙述我们生活史的故事情节和话语（scripts），与当下特定的历史阶段的条件及可能性是相关的。因此，重要的是要发展出一种社会建构主义的视角来理解和呈现不断变化的历史背景。

——————————

① 1936年10月，为了抗议政府在大量的失业与极端的贫困面前的不作为，200名来自英国东北部小镇贾罗的工人从贾罗游行至伦敦的国会大厦，全程近500公里。这是英国历史上最长的一次游行，也是最失败的一次，政府仅仅花了200镑就将这群游行工人打发回去——每人1镑回贾罗的火车票钱。——译注

第一章 课程变革的危机

我在此宣誓。宣誓。以我的……名誉？我的信仰……对越来越多的科学家而言是紧迫、不断增大、紧迫、急切需求的科学革命的信仰。我自己对变革、为变革而变革的信仰。

并不是任何时代都需要变革……即便变革在当时看起来是比较简单的出路，但其时机或许并不适合变革（Sheehy，1981，p. 99）。

在欧洲历史上，变革的"必要性"一直是这样的一种强制，一直把那些事实上是多余的、愚蠢的、悲剧式的东西正当化了。变革的倡导者应该总会遭遇到一个顽固的以为什么开头的反问，这到现在已然成为一项原则。虽然都是以小写字母"c"开头①，但这并非保守主义，而是一个常识。我们应该记住，之前我们曾多少次处于此种境地。[《卫报》（*The Guardian*）社论，1998，p. 24]。

本章首先针对变革必然是合情合理的观点提出了质疑。特别是在西方国家，这一观点似乎是一种极具地方特色的看法。我们的质疑针对这样一种假设，即认为变革运动通常包括各种进步的和包容的要素。我们主张，应该对各种变革力量的历史脉络进行仔细的审视，然后才能对它们所具有的进步或退步的本质进行评判。

大多数课程变革发生在特定的地区环境中，但有时，这些变革确实是由

---

① 保守主义（conservativism）与常识（common sense）均以字母"c"开头。——译注

"世界性运动"所驱动的。约翰·梅耶（John Meyer）的研究对这些现象进行了详细描述。（Meyer，1980；Meyer et al.，1992）通过理解变革力量显现的特殊历史环境，使得评估其中进步的与退步的因素达成的平衡成为可能。通过考察大量案例，我建立了一个关于变革周期的模型。我发现，一个开放的、民主的、包容的时期之后，常常跟随着一个更加保守的反弹运动。

在关于文化和学校教育结构的研究中，对时间和脉络的把握通常只有个大概的概念。对中学变革的跨地区案例研究（如 Louis & Miles，1990；Lieberman，1995）无法关注到各种变革的努力是如何扎根于过去的各种影响以及因果连环的，并且是如何持续性地通向未来的。通过比较，对学校变革的历史研究倾向于聚焦在以下方面：组织的生存和发展的普遍模式（Cuban，1984）；特定改革政策的命运（Tyack & Tobin，1994），或特定领域，如课程领域的改革（Goodson，1993）。此外，还有一些针对一所学校及其课程改革实验的细致的历史案例研究（如 Grant，1988；Labaree，1988；Goodson & Anstead，1993；Fink，2000）。一个重要的例外是布罗莱特（Brouillette，1996）的博士论文研究，他对一个小学区内的学校改革进行了地理学研究，揭示了学校改革的进程是如何嵌入更大系统的各种相对立的限制以及改革轨迹中的。这种系统的作用可参见简·奈斯普（Jan Nespor）在《学校中的纠缠》（*Tangled up in Schools*，1997）一书中的研究。

史密斯及其同事对肯辛顿学校（Kensington School）的研究（Smith et al.，1986，1987，1988），是对一所学校变革进行长期研究中的最详细、最完整的案例研究之一。肯辛顿学校曾是一所开放计划学校（open plan school），它实施了诸如小组教学、民主决策、按科目而不是按年级组织学生等创新措施。在这一历时 1/4 个世纪的研究之初，史密斯、浦南迪、德怀尔和芮内（Smith，Prunty，Dwyer 和 Kleine）即以令人惊奇的精确程度，预测到肯辛顿学校最终将变得与学区内的其他学校一样。他们认为，造成这种回归的原因有社区的压力、中央政府管理的变化及其他学校层面的人事变化等。这种历史的或者说纵向的案例研究，可以对仅凭变革开始的最初阶段的粗略认识，即对当时的学校变革抱有过度乐观看法的人提出警告。（如

Lieberman，1995；Wasley，1994）现在需要的是，对多地区的学校变革进行历史的或者说纵向的系列调查，以考察变革的轨迹及其所扎根的各种环境。

我们对中学文化及其变化的研究，将采用一种对历史时期进行分析的特殊方法。这种方法借鉴了年鉴学派方法论对历史变化的解释。（Ladurie，1975；Goodson & Anstead，1998）年鉴学派的历史学家及社会科学家认为，可以从三个层面（或者说是三种水平）来考察变化：长时段的、中时段的和短时段的。这三个层面互相渗透，形式复杂。这些理论家们用海洋做比喻来形象地说明这三个层面，以及它们之间的互动关系。

象征长时段的是深海底层的洋流，虽然看似非常的平静，但却总是在不断地涌动。这种长时段的变化主要源于结构性的要素，如国际视野、国家形态等。从前现代到现代，或从现代到后现代的运动，可以在这个广阔的划时代的变迁层面上来理解。（Mills，1959；Bell，1973；Lyotard，1984；Denzin，1991）如今正在浮现的后现代社会的经济、社会和政治环境对学校组织及其实践的影响，也可从这个层面上来解释（如 Hargreaves，1994；Aronowitz & Giroux，1991，p. 62）。

底层之上是有着特定周期的波浪和潮汐，这代表了中时段的变化。这种中时段变化通常需要孕育 50 年左右的时间。在后现代时代时空的概念都被压缩的情况下，这种周期性的变化也相应地自行压缩。（Giddens，1991）运用中时段周期的理论，可以解释当今以班级建制、分年级和分学科为主要特点的"学校教育结构"是如何在 19 世纪晚期至 20 世纪初期得以确立的。正如泰益克和托宾（Tyack & Tobin，1994，pp. 453 - 480）告诫我们的，"除非改革者们开始谈论历史上'学校教育的结构'（grammar of schooling），否则，他们发起课程改革的尝试将永远遇到阻碍"。

海洋表面的波纹和泡沫象征的是日常生活中的短时段效应，包括：日常的事件以及人们在日常生活中的行为。持此种历史观点的学者通常盛赞经验的精确性，并借此抵制有关历史时代变迁的宏大理论主张（如 McCulloch，1995）。但我认为，不能把这两种观点看成是对立的，详细的经验细节和有宏观基础的理论敏感性是解释历史的两种互补动力，二者都是帮助我们理解历史的资料来源。

当不同层面的历史时期相一致时，是研究中最有趣的时候。因为在这样的时候，变化和改革的趋势及能力都是最强的。这种一致或者说局势，可以在教育发展历史和教育变迁的关键时刻看到。如一个已被证实的时刻是 19 世纪与 20 世纪之交，学校教育的标准与内在逻辑得以在世界范围内确立（Tyack & Tobin，1994；Meyer et al.，1992）。另一个时刻是 1968—1972 年间，当时至少在西方的很多地区，人们对凯恩斯经济学以及福利国家的权力的信仰，对增长、扩张、开放和平等的乐观看法达到顶峰，在一定程度上影响了教育系统内课程创新的扩散，开放计划学校的增长以及弹性学制高中的膨胀。（Goodson & Anstead，1993）当今全球学校教育的重建，如遵循市场选择原理、基于高标准的自我管理、课程和测验的集权化，以及更多学校层面的教学模式和组织形式改革实验，也许 20 年或更久之后，将表征教育方面的第三次局势（尽管这并不是本章的结论，但确实是一个值得探讨的主题）。

本章采用的历史学方法论源自法国年鉴学派将时间分成三个层面的做法。根据康德拉捷夫（Kondratiev，1984）对经济变革周期的研究，在可见的短时段效应之上有一个长达五六十年的变革长波（long waves of change）。因此，年鉴学派的学者认为，当整体经济转轨与教育改革的主要变化相符时，"局势"（conjunctures）就出现了。

刚过去的十年就是这样的一个局势时期：自由市场大获全胜，教育改革亦回应了全球市场的分层和分化效应。这是一个追求全球经济效率以及社会不公日益增长的时代。学校变得更热衷于追求效率和分化，而不是促进公平和同情。让学校更讲求效率的观念与关注社会公正和平等的进步主义社会政策是矛盾的。

有观点认为，自由市场之自由化的所有力量已经开始突飞猛进，而其社会基础现在正不断直面新的政治、环境、社会和教育运动的挑战。我相信这能在英国找到例证。在 20 世纪 80 年代初全球规模的自由化开始不久，由撒切尔政府推动的自由市场的种种改革便开始推行了，其中包括一系列的教育改革，如教育市场化的推动、严格的责任结构、明确指定的国家课程以及对评估、考试和检查的普遍推进。著名的强调"标准而非结构"（Standards not Structures）的口号，乃是前所未有的一种政治的和文字的虚假幻想。

事实证明，这种推动作用的效果是双面的。一方面，更多的孩子从教育分化的结果中获益，而另一方面，对标准的推动也愈加明显，也就是说，因现有评估结构的强化而导致的不满与失败的情绪呈上升趋势。那些不能在标准的体系中获得成功的人，被越来越明显地污名化和边缘化。在轻率地推进市场化和严格控制课程与评估的改革过程中，退缩和逃避的学校数量也在增加。学校中出现大量新的心怀不满的下层阶级子弟，他们引发的犯罪高潮成为引起政府恐慌的主要因素。

课程变革的理论回顾

及时检视有关课程变革理论以及变革动力的重要意义在于，它可以帮助我们细察进步主义学者当前所面临的种种吊诡。简单地说，这种吊诡在于，在地位格局被如此颠倒的情况下，人们需要认真反思一般所认为的进步力量必然赞成并投身改革的假设。正如我们将会看到的那样，这个假设说得好听点是天真，说得不好听是被故意误导的。在混乱时期，当全球化的力量致力于推动重新分层和分化时，变革或许会导致一种人们并不期望得到的结果。因此，变革理论家和变革的支持者们至少需要分析"机会的结构"，因为变革将在这里实现。如果不这样做，他们所推行的改革可能会产生与预期完全不同的效果。变革非但不是进步的，反而可能会产生相反的影响。

之所以以这样一种具有广泛争议的导论开场，是因为当前学校教育面临的问题明显受到经济全球化的巨大影响。教育的工作已经在新的全球工作秩序中被重新定位和分层了，所以不可避免地，其作为变革行动者的角色也被重新定位了。在这种情况下，即使人们继续像以往一样工作，他们的工作所产生的影响也有可能被改变方向。这种影响有时甚至会颠倒，偏离对于工作的实用性。

这种全球性变革受到国家和地区层面的调解，相应地产生了不同的影响。全球经济中各种现代的变革，在两个层面产生作用。在经济生产层面，已有很多研究分析了现代化危机，以及随之而来的一种对后现代状况进行探索和审思的需要。而在文化生产层面，我们应该做的是对上述地位危机（crisis of positionality）的分析转向。让我说得更明白些：地位危机之所以在当前这个时刻产生，是因为高度现代化的资本已经成功地再造和定位了生产的社会关系。新的自由化的全球资本流通体系，限制并重新配置了以解决社会不公和再分配引发的问题为目的的社会运动的作用范围。轻触一个键，资本便可以轻易地在国家或地区间流动的现实，不仅重新定义了各种进步主义运动、福利国家及全国工会的含义，并对它们形成了挑战。

因此，全球资本获得了两个胜利：不仅打击了西方社会中追求民主和平等的社会运动的发展势头，还对共产主义国家奉行的另一种生产和分配体系造成了终极性的毁灭。这两种胜利，会使得变革的行动者处于一种不稳定的状态中，使其脱离过去为社会公正而奋起的历史，同时又与对难以实现的未来愿景的追求拉开距离。在他们所面临的这种地位危机中，没有继续沿同一方向前行的基础，而固守原地本身也是一种冒险，所以为什么不变革？

重建学校教育：变革主体的角色是如何被重新定义的

当然，学校显然不是一个永远不变的机构，事实上，它受到周期性重建浪潮的影响（这股浪潮是否深入课堂生活的复杂的微观领域，是一个尚待讨论的话题。但有关这一话题的讨论在某种程度上已不是我研究的重点了）。梅耶等人（1992）在他们具有开创性的《面向大众的学校知识》（*School Knowledge for the Masses*）一书中，回顾了学校教育作为一种与现代化进程相结合的国际运动的扩展过程，呈现了国家教育系统是如何在19世纪末一段很短的时期内，在世界上的许多国家中得以建立的。学校教育的各种先驱式的版本，开发出了很多地方性和异质性的课程，但同时，旨在确立一个基本学科清单的国际性运动也在短期内得以形成。梅耶等人（1992）

断定这个时期是从 1890 年到 1910 年的 20 年间。他们的研究告诉我们，试图向大众开放学校教育的新民主运动，只是学校教育发展进程中的第一阶段，紧随其后的就是第二个反动阶段，即根据学科中心的课程（subject-centred curriculum），学校教育被重新定义和重新分层。不同于新学校效率运动（New School Effectiveness Movement），它看上去像是对现有结构进行细微调整的小问题，而实际上，它是关乎学校教育中对进步主义运动进行重新定位的重大问题。我的理由如下。

首先，我们必须把学校科目和学科中心的课程看成是历时数百年辛苦建立的公共学校教育体制的一部分，只有这样，我们才能理解学校科目在实现更宏观的社会目的的过程中的角色——这些目标常常与"社会稳定和持续的机制"有着神秘的紧密联系。因此，学校科目可被看作供我们了解国家教育体系结构框架的诸多透视镜中的一个，而由于学科处于各种内部因素和外部因素的相互作用之交点，对于研究来说，它似乎具有特殊的重要价值。更进一步说，"教育型政府"的各种行为，常常在学科重新界定的时候能够看得更为清楚（如今的英国国家课程和关于澳大利亚课程的争论就是例证）。

在某种意义上，学校科目反映了在各种社会中被分化和分裂的知识原型。一旦被压缩进每个学科的微观世界，关于学校教育目的的更为宏观的争论就开始了。但这种争论是以一种彼此割裂的方式进行的，在不同的内部和外部层面，以及话语的公共与私人领域被分割（实际上是被沉淀），不同层面与领域之间的和谐是一种很难达到的追求。因此，保持各自的特点以及对话，是学校教育结构化的一种最有可能的结果，其中，学科是关键因素。

最近，一些学者主张，教育体制，从其建立之初就是用来掩盖所有课程编制背后的权力关系，并确保科目的稳定性和神秘性的。例如，哈福特和霍博曼认为，下述情况在欧洲，尤其德国是普遍存在的：

像我们这样的社会是阶级社会，对个人自主选择生活方式所需资源，包括受教育机会的分配是有组织地进行的，也是不公平的。因为这些资源不能随人的意愿而增加，每一个有关分配的决定就意味着从一人手中夺走而交给另一个人。因此，社会斗争不仅存在于国家层面，也存在于国际层面。一旦失败者拒绝屈服，问题就会显现出来。所以，在这场分配斗争的统治者看来，有必要建立一种为大多数人所认可的分配方式，或至少能避免遭到有力的挑战。

国家主导的课程编制过程也如此：尽管知识的分配可能是不公平的，但只要这种分配方式能被人们接受成为一种规则，在社会意义上说，它就是安全的，至少能避免遭到有力的挑战。（Haft & Hopmann，1990，p. 159）

他们更进一步指出：

课程编制的过程就是课程生产的一种模式，这种模式保证了社会进程的结构把作为基础的权力关系隐藏起来，或者至少防止它们遭到强有力的干扰。

这种隐藏过程并不像听上去的那么容易。简单地闭口不谈是没有用的，除非对于知识之社会分配的彻彻底底的控制使得奥威尔的噩梦①变成现实。此外，对既有分配方式保持沉默，可能还意味着要我们认同在既有社会中不存在的东西。因此，有必要建立一个精致的体制，能为我们所期望的分配提供合法性。最好的情况是，这个体制还可以自己生产并维持其自身所需的合法性。在确定合法性的过程中有可能发生摩擦，但这必须不影响其背后权力关系的平衡，并且，在其他一些领域，这些摩擦必须得到调和（看上去好像只是诸如知识的结构或教学方法等技术问题一样）。（Haft & Hopmann，1990，p. 160）。

在仔细考察了《普鲁士 1816 年师范计划》（Prussian Normal Plan of 1816）

---

① 指英国作家乔治·奥威尔在其著名小说《一九八四》中描述的极权主义社会一统天下的、令人窒息和恐怖的噩梦。——译注

中提出的德国首个学校教育体系后，哈福特和霍博曼注意到，根据学校水平和类型划分不同课程大纲的做法已经渗入课程表、考试、升级规则、教辅材料的制定等方面。这种划分被推广到了所有课程大纲中，课程大纲最终变成了学科的各种目标和内容的目录。他们认为：

对行政部门而言，分化的课程框架的实用转向服务于双重目的。首先，它使得根据结构原理编制课程大纲成为可能。如若不然，得根据教育原理来编制课程大纲，这将受到来自课程话语的压力，因为课程话语中蕴含着知识的基本结构。因此，通过课程改革来改变这种分配的各种建议，差不多总是受到相关的领域规则（如法律、考试规则或课程表）的抵制。学校组织和学科基本标准所具有的不容置疑的特点，对课程大纲制定者来说是如此的不言而喻，以至于在课程编制委员会中对此提问都是不可理解的。另外，所有试图消除业已建立起来的分化的尝试，如由同一个委员会确立所有结构和学科科目计划的做法都失败了，这更加证明了分化存在的必要性。

坚持分化的第二个好处在于，它为学科科目的不同部分的规划确立了一个清晰的解释框架，使得有关学校的讨论避开了学校教育的整体目的，只是被狭窄地限定在诸如该在七年级还是九年级教授光学课程，或十年级的文学课应教授什么类型的文章等问题上。这些很细节的问题显然只能由专家来解答，而不是面向一般公众的。将学科科目和大纲联系起来的做法增强了课程的正当性，而这在更综合的层面上几乎是不可能的。此外，大纲中关于学科科目的种种限定在学校管理、教师培训和聘用关系等不同部分均有反映，由此形成一个可以交叉对照的连续网络，以平息有关课程的争论。（Haft & Hopmann，1990，p. 162）

学校教育被划分为各种学科科目的结构化，直截了当地体现了在国家教育体系之上展开的各种斗争的分裂和内化。区分开的各门学科之间冲突不断，导致了分裂。而这种冲突不仅产生在学校内部，还介于学科边界之间，从而导致了内化。因此，在学校资源的争夺中将重点放在"学校科目"之上的做法，实际上助长和推动了有关学校教育的各种话语中的一种特定的狭隘解读。

将各学科科目在象征意义上看作中学课程的基础，恐怕是课程编制历史上最成功的原则了。但正如我们已经见到的，它并不是一种价值中立的、科层制式的，或理性的、教育性的装置，而是保障既有课程及学校教育体制的持续性和稳定性的完美装置，能有效击败任何敌对的改革意图。它使得种种全面改革（如杜威所提倡的），根本不可能长期执行下去。

在这一象征意义的行为层面上，必须仔细审视各种关于课程编制的新努力。以科目为中心的学校教育模式，能有效地消灭其他替代模式，或将之边缘化。然而，在大部分对新改革的讨论中，科目中心的这一象征层面的意义并未被认识到。在有关英国国家课程的争论中，对这种议案的这一方面，一直存在着一种令人震惊的沉默。

重申一下，在 19 世纪晚期扩充公共教育体系以加速教育全体儿童的民主进程之后，紧跟着一个新的分配浪潮，建立起了以学科科目为基础的课程体系。这一浪潮的效果在于内化和分裂了有关学校教育的所有社会和政治目的的论述。从那时起，这些争论就被组织进了充当"权力缓冲"作用的学校科目中。所有针对学校教育的性质或目的的挑战，不得不被限制在各个学科科目领域的内部展开，因此，或许能够改变学校教育性质的更广泛的讨论和更全面的挑战变得没有了可能。更进一步地，进步主义运动的能量被转化了，变革的角色自身也发生了彻底的颠倒。原来能够根据对学生水平和需要的判断教授一种更为综合的课程的教师，到了这一阶段，却变得只能根据国家界定的某特定学科科目的书面课程进行教学。因此，在这种情况下，教师工作以及变革主体的工作发生了戏剧性的变化。

让我们来看看近期的国际运动，这样，读者就会理解我为什么要花这么多笔墨在历史考察上。学校课程的新国际运动始于 20 世纪六七十年代，这场运动，在美国是由建立"伟大的社会"的愿望所驱动的，在其他西方国家，是由被之前的公共学校教育体系排斥的群体和阶级设计更具包容性的课程体系的愿望所驱动的。因此，在 20 世纪 60 年代，一种新的课程得以确定，也产生了各种跨学科的新的工作模式。这个过程通常是和一个更全面的学校教育改革联系在一起的。新的学校教育系统打破了历时几个世纪建立起来的各种选择的边界，把综合中学和综合课程体系联系在了一起。可以说，正如发生于19世纪末的前一场国际运动那样，这是一项推动学校教育民主化，让教育真正为大众服务的努力。

但是，同先前的那场国际运动一样，20世纪80年代开始了一场名为"回归基础"（Back to Basics）的反对运动，试图重新对学校教育进行分层和定位。这一运动又一次尝试内化有关学校教育之社会、政治目的的讨论，并对学校教育的客户进行重新分层。这一次它采取了两种途径。首先，正如我们看到的那样，重新强调传统的学校科目，强调这些科目在1910年后一直运作良好；其次，将有关学校教育的讨论限定在各个特定学校的内部，后来更限定在某个具体的学科科目或学校场所的内部。因此，一切有关重新构建学校教育之目的的综合性讨论又一次被限制住了。也正是在此，人们开始遭遇到了后现代的变革危机。如果变革被局限在这些具体的范围内，那么，变革自身就在方方面面有其无法挑战学校教育之结构基础的局限性，这样的变革活动实际上是有利于现状维持的。这就是我们现在所遭遇到的进步主义的吊诡。

让我们分别来看看这两种策略。首先，重新强调传统的学校科目的策略，在不同国家有不同表现形式。美国采取了有着广阔基础的"回归基础"的运动形式，并得到了在1980年总统选举中获胜的新右翼势力的支持。在其他国家，形式更为国家主义一些，并伴随着有"国家课程"指导纲要的颁布。即便英国和新西兰在地理位置上相距甚远，但在这方面情况却是类似的。在前一种案例中，19世纪晚期确立了学校科目的最开始的那场国际运动和近期的国家课程指导纲要的异同点，可清晰地见于下表：

1904 年	1988 年
英语	英语
数学	数学

续表

1904 年	1988 年
科学	科学
历史	历史
地理	地理
体育	体育
图画	艺术
外语	现代外语
手工	
家政各科	技术
（后加入音乐）	音乐

　　1904 年课程和 1988 年课程的相似，质疑了政府所谓"一个新的主要改革"的说法，而表明了课程所具有的政治目的及特权具有一定的历史连续性。1904 年法案①具体体现了那种课程，从历史上说，它主要提供给文法学校的受教育者，与在寄宿制学校发展起来、主要面向劳动阶级的课程正好相反。国家的一个阶层或一种愿景得到了重视，但它却是以牺牲其他阶层的其他愿景为代价的。在这两个时点的中间时期，人们对平等主义的诉求日益高涨，于是，综合中学应运而生，来自各个阶层的孩子同在一个屋檐下学习。这一变化引发了一连串课程改革，以便重新界定并挑战文法学校传统课程的主导地位。

　　为了寻求挑战和改变这些改革的方向和目的，政坛上的右翼主张恢复"传统的"（如文法学校）学科科目。国家课程的诞生可以看作这些政治团体获得胜利的一个政治宣言。这场改革的实质是，恢复了国家某个特定阶层或愿景的优先地位，并将其利益和意志合法地确定为"国家的"利益和意志。

---

　　①　指《中等教育法规》。

国家课程的历史连续性的证据在很多地方都被讨论过。例如,《泰晤士报教育副刊》(*Times Educational Supplement*) 认为:"关于这整个运动首先要说的一点就是, 它展现了英格兰(和威尔士)八十年的教育史。就是回到起点的典型案例。"(TES, 1989) 在撰写国家课程项目时, 穆恩和莫蒂默(Moon & Mortimore, 1989) 评论说:

这项法规, 以及在这之前的很多饱受争议的咨询报告, 都用一些无用的词汇而不是专用的词汇来形容这一课程。如此, 小学课程不过是中学课程的前期准备(就像最差的那类"预备学校"一样)。英国小学教育中所有受到HMI①、英国国会下院特别委员会以及很多外国评论赞赏的部分都被忽略了。

中学课程结果看上去好像就是在典型的20世纪60年代文法学校课程基础上建立起来的。我们对此不给予过多评论, 但我们相信这样的课程体系必然遗漏了很多东西, 例如信息技术、电子学、统计学、个性教育、社会教育和生涯教育统统都遗漏了。但显然, 这些内容对于很多学生的未来生活来说, 不是非常重要的吗?(p.9)

在一种更为保守的国家课程的界定——不利于更为进步主义式的融合, 而是重新退回到那种与过去的社会分层相联系的情况——得以落实的同时, 也存在着一些试图用相同的方式扭转这种趋势的努力。与国家课程指导纲要的界定联系在一起的这种不断变化的权力模式, 同时也与教师工作的重构运动联起手来。值得注意的是, 在传统上有着较强的分权体制的英格兰, 出现了明显的中央集权趋势, 而在其他中央集权国家又出现了分权的走向。体制应该说是呈现出了聚合的趋势, 而在这一新的聚合中, 教师仅被视作既定课程的技术性的传承者。在这个案例中, 课程是由政府制定的。这标志着教师的角色发生了实质性的转变。20世纪六七十年代, 学校教育是民主的, 教师被认为是道德的阐释者和课程的制定者之一, 而今, 境况截然不同。(见

---

① 即皇家督学。——译注

Goodson，1998）

于是，一个将教师视为他人意图的实践性传递者的新方法论流派得以形成。例如，将教师知识定义为"个人实践知识"的运动，标志着一种实质性的转变：对之前作为民主化身的教师角色进行了消解。

当下，在很多工作场所都能感受到变革、危机和焦虑的情绪。这和经济重组或者如哈维（Harvey，1989）所谓的"弹性增长"的转变有关。如果在这个意义上讨论工作危机的意义，一个正在被激烈争论的话题就是：究竟应鼓励工人在实际工作中学习哪种"知识"？

卡利·德利（Kari Dehli，1991）认为，地方的和省一级的利益群体，越来越主张把知识、技能和政策与全球资本联系起来，并以此作为他们所说的为当地招商引资的方法。例如，加拿大安大略总理顾问委员会1988年发表的第一份报告即指出："我们正处于一个新的全球经济时代，我们的竞争能力将受到越来越多的挑战。"1990年，该委员会又老调重弹，并强调了这种紧迫性和危机的意义：

当1988年总理顾问委员会第一份报告提出该议题时，安大略正处于经济持续发展的繁荣时期。现在，《在新的全球经济中竞争》（Competing in the New Global Economy）的报告出台两年后，有迹象表明，经济增长速度放缓……试图建立全球贸易市场的无情运动已经加速了。（Dehli，1991，pp. 9 – 10）

该报告的作者对于全球市场所带来的竞争压力的看法，导致其产生了从资源本位的经济活动向"高附加值"的制造业和服务业转向的迫切愿望。同样，他们认为，向低工资的生产部门投资是一种浪费，因为国际劳动力分工将强化把"低工资的生产"转移到"欠发达国家"，而把"复杂的生产"集中到高工资的国家的趋势。他们这样举例说：

我们不能固守低工资、低附加值的活动，在这些活动中我们是没有竞争优势的。我们必须要转向高附加值、高工资的产品和服务，这才是实现经济长期繁荣的美好愿望之所在。这种转向要求我们对包含资本和劳动力在内的生产力进行持续不断的改进。(Dehli, 1991, pp. 9 - 10)

至此，就涉及他们所谓的"人力资源问题"了。他们写道：

决定我们是否能成功转向高附加值的经济模式的一个关键因素就是工人的教育水平、技能、创造性和适应能力。他们必须为工作做好准备。这些工作要求专精的知识和技能——这些是真正的发达国家的品牌。如果没有一支有竞争力、创造力和适应力的工人队伍，我们的原材料、我们的基础设施和我们的资本将不会得到充分的利用。反之，这样的工人队伍的增加将使我们既有的优点发挥出更大的效用。(Dehli, 1991, pp. 9 - 10)

在最近的一项研究成果中，对这种知识形式的转向性质有了非常清晰的表述：

最近几个月，当很多投资者和管理者关注于对经理人薪酬进行批判的时候，一些公司却悄然开始了一场重大变革，即调整薪资（也调整职业生涯），使之低于组织目标的图表所示。这项新的工资计划传递的核心理念就是，职员的工资不是根据他管理多少人或拥有多少权力来决定的，而是根据他对这份工作贡献了多少知识来决定的。这一理念有多种表述方式，如"技能工资"、"技能本位的工资"或"知识本位的工资"。(Gabor, 1992, p. 5)

尽管"专精知识"（sophisticated knowledge）和"知识本位的工资"的说法听起来令人鼓舞，但实际情况却是，职场中越来越关注狭窄的且通常是低工资的技术技能。所以，"知识本位"和"技能本位"的说法实际上已经被用以指代更实用、能普遍适用的职场知识了。

有必要将这些新的全球化模式和围绕"知识"的争论联系起来。特别在本案例之中，"什么才算是教师的知识"的问题是与外部"客户"的权力联系在一起的。（Meyer，1980）有关教师知识的争论，展开在业已被某种关于知识形式的特定意识形态所占据的领域。传统上把教师看作拥有一定专业自主权的"专业人员"，而能对相关话语、争论和政策产生影响的不仅有"内部的"专业客户，更包括"外部的"客户，如企业和商业人士。而现在这种平衡越来越向外部客户一方倾斜，特别是工商业界所需求的技能已逐渐变成工业职场的一般技能，以及教师的技术和实践技巧了。在知识形式的变化过程中，职场本位的教师教育正逐渐成为全球的发展趋势，这一趋势通常在教师培训或在职教育中开设的"更贴近实践"的必需环节中表现出来。

事实上，这一过程与更广泛的将职场知识局限于技能技巧的运动紧密相连。如果仅把教师知识视作实用的和个人的（如一个学术流派所称的"个人实践知识"），将极大地减少教师对学校教育系统和学校组织获得更广泛理解的可能性，而这些理解正是管理，或者说是"领导"学校的重要因素。

有趣的是，常常是进步主义者对"实践知识"的理念比较感兴趣，并将之视作对抗象牙塔中的基础理论的武器。而一旦以历史的眼光来看，表面看来是进步主义的立场也可以被认为是符合保守集团的利益的。这正是我所说的验证地位危机和进步主义的吊诡的典型案例。

除了重新强调传统的学科科目中心的课程体系，第二个主要的改革就是将各种变革的议题限制在单所学校内部，其主要载体就是所谓的学校效率或学校改进运动。因为每所学校都致力于自身的改进或效率提升，所以，一所学校通常孤立于其他学校，单独出现。这一改革理论有一个近乎神话的理念，即每所学校都有改进的潜力，制订一个新的改进计划可以帮助学校实现改进。这一理论的谬误之处在于没有认识到每一所学校必然与其他学校相联系，一所学校的学生也一定和其他学校的学生相关联。可以想象，根据这种改革理论，某一所学校确实有可能获得发展，但却是以损害周围其他学校的利益为代价的。因此，正如民主时期后的反动阶段一样，有关学校教育的讨论又一次被限制在单所学校内部，而机会和资源在更大范围内的公平分配问题就被有效地掩饰掉了。同样地，参与其中的进步主义学者们，会发现他们与进步主义运动的关系变得矛盾，意识到他们更接近保守集团的主要目标。

单所学校改进或变革的方法，以及自我管理的学校存在的危险在于看不到更普遍的资源分配的问题。将资源集中投入一所学校可能使它获得改进，但这一做法的弊端在于获得改进的学校会抢夺其他学校的资源，从而使得其他学校的资源不足。我们需要的是一个旨在改进所有学校的整体模式，但是，这并没有得到全纳教育反对者的正视。正如学校科目的设置就是为了将有关学校目标的讨论限制和内化在学校内部一样，单所学校改进策略的提出，也是为了在更大范围内对学校教育进行民主化改革予以限制。概言之，课程变革的时机一定要慎重考虑，这是以往教育发展的一个教训。当前，在全球化趋势下，是否有适合于变革的时机是非常令人怀疑的。最近一个时期，进步主义者站在了保守教育的一边，没有倡导变革。但是，由于市场失灵，人们开始越来越关注社会底层。这些因素都把我们引向致力于改善社会排斥的新的"第三条道路"。我们正处于一个转折点上，进步主义者关心的社会包容问题，又一次回到了政治议事日程中，变革或许会朝更有希望的方向发展。

第二章 文化发明的脉络：学习和课程

学校教育是一个相对晚近的发明，确实在各个国家体系中，它有着特定的形式。国家教育系统的诞生，是最近很多研究所关心的主题。（Ramirez & Boli，1987，pp. 2 - 17）读者将在后文中看到，在西欧很多民族—国家中发展起来的大众学校教育系统，有着很多共同的特点。（Boli，1989）

大众学校教育的社会、政治建构，从之前的高等教育和宗教教育的各种建构中获益很多。例如，米尔发现，将"班级"作为学校的组织单位的做法首见于法国的蒙田学院："1509 年，巴黎的蒙田学院首先发明了一种能精确和清楚地将学生进行分类的方法，并根据学生的年龄及其掌握的知识的复杂程度逐渐使之升入更高的阶段。"（引自 Hamilton & Gibbons，1980，p. 7）

米尔认为，蒙田学院实际上开创了文艺复兴时期的教育中的班级制度。但与本章所讨论的重建有重要联系的地方在于：这种以班级为单位的组织方式是如何变得与特定的课程及年级序列联系在一起的？

耶稣会是最早在学校中建立高度集权的课程控制的宗教团体之一。《教育计划》（The Ratio Studiorum）被证实是最早的系统学习课程，其将分级课程与班级体制相结合的做法预告了作为所有西方学校系统的基本组织原则的"标准"或年级的出现。（Tomkins，1986，p. 13）耶稣会把这一体制带到了很多国家。例如，在加拿大，魁北克耶稣会学院（Jesuit College in Quebec）于 1635 年成立（比哈佛大学在马萨诸塞州的创立早一年）。学院的课程（法语是教学语言）包括拉丁文、希腊语、文法、修辞法和哲学，以及历史、地理和数学。

对盎格鲁·撒克逊人而言，据《牛津英语词典》记载，"课程"一词始见于 1633 年的格拉斯哥。汉密尔顿认为，由于加尔文（1509—1564）宗教思想的影响，格拉斯哥成为一个关键的地区。他认为：

16 世纪晚期，当加尔文教徒在瑞士、苏格兰及荷兰获得政治上和神学上的支配地位时，纪律（discipline）——"加尔文主义的精髓"——的观念，开始指称政府与个人行为的种种内在原理及外在机制。从这个角度看，课程和纪律之间有一种天然的联系：课程对于加尔文教徒的教育实践意义就如同纪律对于加尔文教徒的社会实践意义一样。（Hamilton & Gibbons，1980，p. 14）

因此，16 世纪和 17 世纪巴黎、格拉斯哥的证据完全可以证明，课程与社会控制及组织的模式是并列的：

随着学习阶段的渐进，班级的概念变得越发重要，而这种观念也与文艺复兴、宗教改革中的各种向上流动的情绪产生共鸣。在加尔文教盛行的国家（如苏格兰），这些观点以作为预言的教义形式，在神学上表述出来（只有少数上帝的选民，能得到精神上的救赎），而在教育领域，建立起了双轨的国家教育系统，通过"选拔"的人（主要是有经济实力的人）接受更高一级的学校教育，而其余的人（主要是农村的贫困人口）则接受保守的课程（如崇尚宗教和社会美德）。（Hamilton，1980，p. 286）

从上文可以发现课程发展的一些独特性。决定什么可以进入课堂的权力随即产生了一种新的权力：分类的权力。正如我们所看到的那样，这一权力对大众学校教育体系的建设具有非常重要的意义，这一点还将在后文详述。

政府对大众教育的干预、资助、投资和控制，最早是在西欧发展起来的，接着，这一模式就被广泛地应用于世界各国。"但是大多数综合的教育研究几乎都忽略了国家教育系统的历史起源问题……因此也忽略了成功地将这一社会发明制度化的社会学意义。"（Ramirez & Boli，1980，p. 2）政府对学校教育的介入与西欧经济发展的历史密切相关。虽然一些早期的国家系统模式早于工业革命，但工厂系统是否取代了家庭生产系统很可能是一条分水岭。工厂系统打破了原有的家庭模式，让年轻人进入国家的学校教育系统接受社会化。但拉米瑞兹和波利（Ramirez & Boli，1987）强调由政府赞助的大众教育系统具有绝对的普遍性，他们认为政府之所以强迫接受教育，是因为：

这不仅是对工业经济提出的要求的回应，也是对阶级和社会地位的冲突的回应，还是对特定国家在特定历史阶段所遭遇的危机的回应。这些危机包括普鲁士中央集权的官僚主义特征、法国革命及其反复、瑞典小农阶级的力量，以及英国扩大对劳工阶级赋予公民权的范围等。（Ramirez & Boli，1987，p. 2）

他们认为，这些国家在建立和管理大众教育系统方面的共同之处在于，都致力于建立一套国家政策，并通过将国家所定的学科科目纳入各种国家项目来确保民族—国家的权力。获得民族认同的社会化过程的重要环节就是面向大众的国家教育系统，这些国家推行大众教育的步骤具有惊人的相似性：首先是宣称大众教育所蕴含的国家利益；然后以立法的形式推行面向所有人的义务教育；最后，为管理大众学校教育系统而建立的相关教育行政部门应运而生。国家借此确立了面向所有学校的权威地位，既管理既有的"自治"学校，也管理新近由国家开办或管理的学校。

正如我们所见到的，学校之间的联系以及社会秩序本质上是一种"精英统治"（meritocratic）的观念，在宗教改革时期已经可以得到明显的确认。伴随欧洲工业化和社会的资产阶级进程，这种模式不断改进、越发精细：

随着 19 世纪一些欧洲国家的资产阶级进程，学校教育作为获得职业成功和社会流动的普遍途径的意义被完全制度化了。因此，经济和社会意识形态支持普及教育，国家的政治意识形态也认为学校教育有利于实现国家进步的目的。虽然资产阶级是 19 世纪反对学校教育扩张的主要力量，这种有助于加强国家和学校联系的有关"人力资本"的进步理论仍诞生于资产阶级内部。特别是资产阶级取得的巨大的经济成功，帮助了国家权力在教育系统中的组织和执行。而在此之前，国家权力是无法控制普及公共教育的势力的。(Ramirez & Boli，1980，pp. 13 – 14)

尽管如此，普及公共教育运动取得的成果，如"公立小学"（common schools）的成立，并非标志着一个公正、平等、民主的学校教育体系已经建立起来了。正如我们所见的那样，学校的课程不仅是被指定的，还是为了对学生进行分类。在普及公共教育和公立学校教育领域，这一权力还有待充分的研究。

作为最早实现工业化的国家之一，英国普及公共教育的阶段主要集中于 19 世纪中期。19 世纪 40 年代，在宪章派（the Chartists）富有煽动性的民粹主义（populist）宣言中确立了有关大众教育的重要纲领。回顾正式的学校知识，伯恩斯坦（Bernstein，1971，p. 47）认为，教学、课程和评价是现代正式的国家教育得以实现的三种信息系统。我们已经看到，不同"阶级"的教育学和基于序列与命令（prescription）的课程之间的联系，在更早些时候就建立起来了。到了 19 世纪 50 年代，随着首个大学考试委员会开始设计面向所有学校的考试，伯恩斯坦提出的三个"信息系统"的第三个部分开始发展起来，在剑桥大学地方考试联合会（University of Cambridge Local Examinations Syndicate，1958，p. 1）的百年纪念报告中写道："这些考试是大学为了回应有关'学校为中产阶级服务'的口号而设置的。"

到 19 世纪中期，先前提到的课程分类的权力已经制度化了。中学考试的诞生和课程分化的制度化过程几乎是同时的。例如，汤顿报告（Taunton Report，1868）根据学生在校时间的长短把中学教育分成三种类型：

学生在校的时间会对其所受教育的性质产生影响。如果一个男孩不能在学校待到 14 岁，就没必要教他一些需要很长时间才能掌握的学科。如果他可以在学校待到十八九岁，也许可以推迟一些学科的学习，不然就应该在更早的时候学习这些学科。(Taunton Report，1868，p. 587)

汤顿报告中写道："这些教育大致协调于，但绝不是一一对应于社会中的各个等级。"在 1868 年，能接受学校教育到十八九岁的，是来自拥有相当多收入且不需要亲自工作的社会阶层的男孩，或者是职业阶层的男孩，再或者是从事商业、其利润使得他们能与前两者拥有同等经济水平的阶层的男孩，他们学习的主要是古典课程。到 16 岁的第二级中等教育，针对的是"工商阶级"（mercantile classes）子弟，该阶段的课程较少具有古典色彩，有一定的实践导向。14 岁以下的第三级中等教育是针对"小农场主、小工商业者以及高级技工"子弟的。这一阶段的课程建立在 3R① 的基础上，但提高了一定水平。中等学校系统涵盖了以上三个等级，而大多数劳工阶级子弟只能接受小学教育，学习基本的读写算技能。从那时起直到现在，课程变成了社会分层的主要标志或机制，课程所具有的这一分配和分类的权力，使其成为学校教育认知逻辑中的决定性因素。

早期有关教育的宗教观念和教育的实际分类之间的联系在其他国家也存在。将智力科目（intelligence subject）称作"学科（discipline）"② 的做法延续了加尔文教的教义，即用道德感和承担基督教使命的意愿来训练人的智力，传递行使道德和宗教使命所需的知识，而非实质教育（intrinsic education）的知识。这种智能训练的理念用所谓的"苏格兰常识"（Scottish Common Sense）来为自己的合法地位辩护。

从此，源自苏格兰早期加尔文教的将课程等同于纪律的观念传递到了世界上的其他国家。汤姆金斯（Tomkins，1986，p. 35）认为，"苏格兰常识""几乎支配了 19 世纪所有英语国家的哲学思想，极大地影响了美国大学的

---

① 即阅读、写作、算术。——译注
② discipline 兼有"学科"和"纪律"之意。——译注

课程体系"。他写道："这种影响在加拿大甚至更强大、更持久。"

纪律和分类的联系源于加尔文教，这一点可以在加拿大最有影响的公立教育系统设计师——埃格顿·瑞尔森（Egerton Ryerson）的著作中得到证实。瑞尔森深信智力训练的理念，但在他看来，这涉及两类完全不同的课程：第一类课程本质上是预备水平的，提供"日常生活必需的"知识，其内容包括英语、文学、数学、自然科学以及"精神和道德哲学、基督教、地理和历史概要"；第二类是社会课程，该课程是为毕业后有"专业追求"（professional pursuits）的学生准备的，主要培养神职人员、律师、政客和生意人，其内容主要包括名著阅读、数学和物理学、道德科学、修辞学和纯文学（belles lettres）、神学。（Ryerson 引自 McKillop，1979）

智力训练的理论对 19 世纪中期的美国产生了巨大影响。但克利巴德（Kliebard，1986，p. 8）评论说，截至 19 世纪 90 年代，这些理论才"开始被视作是社会变化的意识日益增强的一个结果"。同时，关于课程的斗争，尤其是涉及早期共和党人有关公立小学的梦想，变得更激烈了。 （见Franklin，1986）

1892 年，"十人委员会"（Committee of Ten）在国家教育联合会（National Education Associated）的命令下得以成立，以回应统一大学入学考试的要求。该委员会的主席是哈佛大学校长查尔斯·艾略特（Charles W. Eliot），他赞成智力训练，也是长期关注教育改革的人文主义者。该委员会颁布了一份重要报告，规定了设置学校课程的基本原则，这些原则被认为是导致后来"大学对高中的粗暴控制"的先兆。实际上，当时这种控制的主要作用是为课程分化提供了便利条件：

后来的改革者们认为，当初委员会认为适合所有学生的学术科目，其实只适合准备上大学的那部分学生。事实上，诸如法语、代数之类的学科后来被称作大学考试科目，这一说法在 19 世纪是闻所未闻的。甚至连英语这样的科目也根据对象的不同对内容进行了区分，向少数准备上大学的学生提供公认的优秀文学作品，而为剩下的大多数学生提供通俗文学作品以帮助他们

学习 "实用" 的英语。(Kliebard，1986，pp. 15 - 16)

然而，公立小学的梦想后来承受极大的压力，因为共和党关注的核心转向为大学教育做准备，因此不断扩张的大学被看作文化昌盛及个人职业向上流动的源泉。

事实上，在大多数西方国家的教育系统中，截至 19 世纪末，大学都被置于顶层。例如，在一些国家，比如英国，确立了为大学和职业做准备的 "类型 1" 学校教育，以及为其余学生服务的其他类型的学校教育。在加拿大，埃格顿·瑞尔森推行了为大学做准备的课程和为 "日常生活" 做准备的两类课程。在美国，面向全民的公立学校的梦想受到挑战，很多利益群体开始开发各自的课程为自身的目的服务。

但是，如果分化是学校课程自身逐渐形成的一个特征，那么有必要考察一下 19 世纪末大众学校教育系统业已存在的共同特征。这一点很重要，因为像学校科目那样特定的显而易见的 "自上而下的产物" 已经进入了我们关注的视线。我们已经指出，面向不同 "年级" 或 "阶层" 的课程体系于中世纪晚期萌芽，并成为 19 世纪之前许多国家教育系统的主要特征，但这种 "年级" 和 "阶层" 的系统并不是班级系统，二者有很大的区别。例如，英国 19 世纪的许多公学常以 "年级" 组织，并有正式的课程模式，但却没有教室，也没有科目，简言之，当时并没有形成班级制度。

因此，公学 "没有统一的模式，但都把拉丁文和希腊文作为课程的主要组成部分"。每一所公学 "都发展出独特的组织形式，并将其作为自己的特点"。这些课程有时依赖统一的教材来传授，但课程的学习无法以任何一种集体的形式 "教" 出来——学生更可能是按照自己的步骤去学习。更进一步地说，"为了教学的方便而把学生分成不同 '年级' （这个词最早用于指称学生坐的板凳）的做法是粗暴的，因为它仅为教学提供了方便，而没有建立起对应不同能力层次的学习序列"。(Reid，1985，p. 296)

但是，在 19 世纪晚期英国得以创立的国家学校教育体系中，"班级系统" 很快就制度化了。可以把班级系统视作一种标准化的发明，因为它在本质上限制了更具特性和个别化的学校教育形式的发展。在这个意义上可以说，班级系统是为地方以及国家政府管理大众学校教育服务的。

汉密尔顿（Hamilton，1980）评论说，到了20世纪：

"班级系统"的批量生产（如课程、科目、课程表、标准化和流动等）变得非常普遍，进而成功地达到了一种标准化状态，并创立了评价后来的各种教育发明的标准。（Hamilton，1980，p. 282）

20世纪初之前，英国学校教育系统的主导的政治经济学观念，是与教学、课程和评价的三分类结合在一起的。大学考试委员会的建立是三分类最终完成的标志，这对课程的影响既普遍又持久。班级系统开创了一个由课表和一节节的课组成的世界，这种变化在课程领域的表现就是学科科目的出现。如果说"班级和课程"是在英国学校教育转换成大众化时进入教育话语体系的，那么"班级系统和学科科目"就是在这种大众化受到政府资助的阶段出现的。因此，无论还有多少种对课程进行具体化和组织的方式，学科科目的传统都保持了霸权。如今，我们已经从本质上将课程看作学科科目了。

这一体系于19世纪50年代正式成立，但其是在1904年《中等教育法规》（Secondary Regulations）及1917年"学校证书"（School Certificate）中规定的学科科目的基础上建立起来的。此后，课程冲突开始像现在一样聚焦于对列入考试范围的知识的界定和评价上。因此，学校证书中规定的科目迅速成为学校最关注的东西，列入考试范围的学术性科目所具有的优势地位很快在课表上得到了体现。诺伍德报告（The Norwood Report，1943）中写道：

为使满足时代需要的课程在学校科目中确立下来，以及以某种方式教授这些科目达成某种标准而产生的双重必要性，使得学校课程表现出一些共性，这些共性能确保学校在学校证书考试中获得成功。　（The Norwood

Report，1943）

　　学校教育系统具有的明显的标准化特征，正是这些"必要性"的结果。课程"进入了一个难得的稳定时期，专家和学科科目的要求被广泛地加以调整和修正"。（The Norwood Report，1943）由此可见，大学入学考试通过设置考试科目的方式对学校课程产生的影响是显而易见的。事实上，科目本位的学术性课程在 1944 年《教育法》（Education Act）颁布后进一步得到强化。1951 年，"普通教育证书"（General Certificate of Education）对学生学习各门科目的要求只是一般水平（即"O 级"）（而"学校证书"则要求"主要"科目都必须及格）。"高级证书"（Advanced level，即"A 级"）增加了对科目专业性的要求，加强了"学术性"考试和大学"学科"的联系。因此，在"O"级考试，尤其是"A"级考试中，占主导地位的学术性科目与大学的知识界定紧密地结合了起来。但更重要的是，这些科目还和资源分配的方式联系在一起。学术性"科目"主张密切联系大学"专业"，为"有能力的"学生服务。从一开始，它就假定了这些学生需要"更多教师、工资更高的教师以及更多的钱用以购买仪器和书籍"（Byrne，1974，p.29）。因此，"学术性"科目与优质资源分配、地位分配之间的决定性且持久的连接，得以建立了起来。

　　但是，如果说这种重视学术性科目的教师和资源的做法在文法学校中是一种主流，那么其在其他学校（以及课程的形态）的影响也不应该被忘记。作为对汤顿报告的回应，诺伍德报告发现学校教育将学生分成了不同的群体，需要以"适合他们"的方式分别加以对待。这一次，分化的社会和阶级基础是一样的，但分化的原理和机制则完全不同。在这之前，讨论集中于学生的在校时间，而现在，强调为不同"智力"水平的学生提供不同的课程。首先，"对学习本身感兴趣的学生，以及能掌握一个观点或跟上推理过程的学生"通常"接受文法学校的教育，进入专业领域，或成为职位较高的管理者或生意人"。（The Norwood Report，1943）[2] 第二类对应用科学和实用艺术感兴趣的学生进入职业学校（就不再继续深造了）。第三类学生"更易理解实物而非概念"，所以他们需要"通过实际操作唤起兴趣"（The Norwood Report，1943，p.4）这种课程是实用性的，以培养未来的手工业者为目的。

于是，我们看到了一个通过课程对学生进行优劣划分的清晰模式，我将这一现象称为"学术性科目、学术性考试和优秀学生的三角联盟"（Goodson，1983，p.33）。通过资源分配的不同模式，这种普遍的"学术性潮流"对一些群体产生了消极影响，也推动了学校科目的改革。因此，诸如木工、金工、体育、艺术、技术研究、簿记、缝纫及家政等，通过主张各自的学术性考试和资格，追求地位的改善。同样地，那些与文法学校意义不同的学校，如职业学校和现代中学，最终也加入了学术潮流，以争取在学术性科目本位的考试竞争中获得成功。

学校课程中及学校各科目间的冲突和妥协，是围绕学校教育展开的斗争的一种分裂和一种内化的表现。之所以说是分裂，是因为当下冲突是通过分割开的一个个学科科目发生的；之所以说是内化，是因为当下冲突都发生在学校和学科科目内部。后面我将阐述这些斗争是如何在学校教育中得以部分地表达或被压缩进既有的普遍传统中的。

英国于20世纪前50年在分化的课程基础上建立了三类面向大众的学校教育体系。这种自1868年汤顿报告开始的延续性是很容易发现的。在美国，则可以看到由于不同的起源和社会结构，在课程分化和劳力分化间产生了不同交集。这一现象的起源可追溯到公立学校计划。

十人委员会1893年的报告特意删去了教育为"生活"或未来职业做准备的说法。正如我们所见的，他们关注的只是通过学术性课程进行的学术训练。委员会要求根据大学的招生政策来界定学校课程。我们已经说明，学校课程和大学的紧密联系引发了一些人对学术性科目所具有的霸权的强烈反对（这些人通常也反对公立学校）。时至今日，公立学校和大学的紧密联系仍隐含着让公立学校去除职业目的、只为精英的专业生涯做准备的观念。这一核心矛盾使得变革力量的联合成为可能，并将矛头对准了学术性课程所具有的霸权，进而指向了公共课程和公立学校。因此，到1917年，为大多数学生的职业生涯做准备的职业教育，开始被认为是"要求政府支持的一项迫切需要"。

职业教育获得成功的意义不仅是增加了一个新科目，或者多了一种课程的选择，而是在很多既有的科目中，尤其在中学阶段，开始贯彻职业教育的标准。这一点可以在很多科目越来越流行的变化中得到证明，诸如商业数学和商业英语等科目，合法地取代了传统的科目形式。除了和大学相连的课程，其他所有面向全体学生的课程都以各种明显的方式职业化了。（Kliebard, 1986, p. 129）

约翰·杜威及时看到了职业教育所具有的分化潜力。杜威将矛头指向职业教育的一个主要倡导者和拥护者——戴维·斯内登，马萨诸塞州教育委员（有时也是哥伦比亚大学教师学院的兼职教授）。杜威概括了斯内登的观点，认为他"将教育视为培养机器管理所需的专门技术的手段，而以浪费工业社会所需要的智力为代价，这些智力是建立在科学和对社会问题、状况的认知之上的"（Dewey, 1915, p. 42）。杜威很清楚这种职业教育论的影响。简言之，仿效加尔文教有关学科及其分化的起源的说法，杜威认为职业教育很可能变成"实现关于社会预言的世俗教条的工具"（Dewey, 1916, p. 148）。"显然，我们距离共和政体要求的公立学校还有很大差距，并且正快速朝着导致社会和文化的再生产的反方向发展。"

因此，在十人委员会提出建议后的"贫乏的三十年"中，直接为未来职业做准备，成为高中课程中即便不是支配性的，也是主要的因素，以便为"可选择的命运"中未能升入大学的那部分学生服务。（Kliebard, 1986, pp. 149 – 150）

在这个意义上，职业教育可被视为美国"20 世纪最成功的发明"。因为，"没有其他方法能获得如此广泛的支持或对美国学校的课程产生如此巨大的影响"。

在某一层面上说，职业教育的成功在一定程度上可归因于这一事实，即职业教育被当时有权力的利益群体视作能反映他们对改革所产生的影响的魔镜。而这种教育越来越被认为是一种与时俱进的课程。（Kliebard，1986，p. 150）

这一说法当然是一种循环论证。毫无疑问，有权力的利益群体特别帮助营造了一种"公共意见的氛围"，以便以他们所喜爱的改善方策来回应。当然这些改善方策只针对特定的有权力的利益群体，大学对这些变革的态度显然是矛盾的。有必要对工会、移民和激进组织的观点进行严谨的学术研究。这些群体在当时有一定权力，并有自己的协会和媒体。显然，其中一些有影响力的群体比另外一些群体有更大的权力，并为实现其目标投入了极大的努力，因而获得了成功。

有趣的是，美国的改善方策与英国及其他国家都不同，职业教育很少在单独的职业学校中进行。公立学校的说辞对于民主形象的重要性，或许正如它对于美国共和政体奠基人的历史意识一样。因此，显现出来的政治妥协表现在公立学校的结构，这种结构带有内化了的差异的特色：

即便不是最典型的，综合高中也是一种典型的美国教育机构，它进行课程分轨，包括正式和非正式的形式，发挥了那些主张社会效率的教育者们所认为至关重要的分化功能。（Kliebard，1986，p. 151）

不仅是追求社会效率的教育者，应该还有那些克利巴德虽已提及但却没有进一步说明的有权力的利益群体。毫无疑问，在这一特定领域，下一步工作就是要对社会效率课程改革的特有力量进行分析。罗斯·芬尼对与社会效率的各种目标相关的社会秩序的认识是清晰的。对于他而言，课程分化的模式，与建立在领导与追随关系基础上的社会分化模式非常相似，这种领导与追随的关系"使我们再次回到对智力和受教育程度进行等级划分的观念"。

　　处于该体系顶端的是专家，他们在十分专精的领域进行前沿研究。接下来是大学应培养的人才，他们熟知专家的研究成果并能将这些零散的成果联系起来。经过这些相对独立的思想者的努力，才会有进步主义的变革和不断的调整。在这些人之后是高中毕业生，他们稍微懂得一些前者的语言，对很多领域都有一定了解，崇尚内行知识。该体系最底下是愚钝的大众，他们以为自己理解以上各层人的话，实际上是盲目模仿，人云亦云。（Finney 引自 Apple，1990，p. 77）

　　从本质上说，美国学校教育在这个阶段的经历，可被看作内化了的分化和分裂了的学科科目对一种公共目标的破坏。这种冲突的内化在学校科目自身的历史中表现得最为明显。因为正如公立学校的名称、学校科目的名称至今得以存在，至少，其形式至今不变，让我们揭开帷幕来讲述这个故事。尽管受到各种内在的不稳定因素的影响，美国高中课程的类型却难以置信地保持了稳定。通过回顾 1893 年至 1958 年间美国国内围绕课程展开的斗争，克利巴德很好地阐述了这种复杂性：

　　被证实无法攻破的要塞是学校科目。作为课程基本单位的科目成功地抵抗住以提高学生兴趣为目的、用实用的生活领域或项目取代学科科目的努力。

　　但是，科目这一标志本身可能就是一种误导。一些由不同利益群体推动的改革，在课程的科目组织的整个框架内实现了目标。当然，并不是所有变革都可被视作进步的标志，但是通过对组成课程的学科科目进行重建、整合并使之现代化，这些变革取得了一定程度的成功。科目得以保存，尽管是以一种变化了的形式。（Kliebard，1986，p. 269）

　　英国学校教育改革最后 25 年的实践，展现了另一种公立学校运动的命运。因为公立学校的存在，综合中学在经过了数世纪的渴望和斗争后才姗姗来迟。1965 年，工党政府开始对三轨的教育体制（文法学校、技术学校和现代中学）进行系统改革，建立了面向全体学生的统一的综合学校体制（从 10 或 11 岁到 16 岁或 18 岁）。我自己当老师的经历正处于这一历史时期——当时虽已建成公立学校，但还须为实现公共的课程而努力，以便达成公共的目标。在综合学校成立之初，已经可以看到克利巴德所谓的"有权力的利益群体"的影响了。例如，导致综合学校改革的英国国会下议院动议这样表述道：

> 下议院知晓在所有水平上提高教育标准的必要性，但由于学生被分流到三类学校，阻碍了这一目标的实现。下议院对此表示遗憾。支持地方当局依照综合原则重新组织中学教育，保留文法学校中有价值的部分，让更多的孩子接受这种教育。（DES，1965，p. 1）

正如前文已经说明的，文法学校本质上是通往大学和专业生涯的关卡，其教学所针对的考试是大学设计的。为回应社会的要求，大学认为必须帮助建立"为中产阶级服务的学校"。因此，下议院动议保留了英国中学教育的一个特殊传统，即服务少数特权阶级的传统延续到优先照顾中产阶级子女上来。从这个意义上来看，这场导致公立学校诞生的运动其实暗含了可以保留特权阶层的意思，只不过现在扩展到更多学生身上了。但显然，除非所有学生都愿意接受大学教育并成为专业人员，否则为进入大学或专业生涯作准备的文法学校课程就不能成为公立学校的公共课程。具有讽刺意味的是，这一运动本质上还是一个要求服从英国社会中有权力的利益群体的声明，事实证明也是如此。

因此，英国公立学校从一开始就建立在为少数精英阶层服务的文法学校课程的霸权之上，这一点在公立学校造成了内部分化和学科科目的分裂。早在 1969 年，即下议院动议四年后，一位英国社会学家就警告世人，公立学校内存在"不平等的课程"。西普曼（Shipman）讽刺道，虽然学校试图通过导入新课有意识地进行课程开发的综合，但是：

> 学校仍明显分成两部分，一部分与外部考试相连，一部分较少受到限制。前者沿袭学术传统，并与大学紧密相连，后者只有短暂的历史，尚处于形成阶段。（Shipman，1971，pp. 101 - 102）

西普曼很清楚，问题不在于两类课程各有何种特征，而在于这两类课程"也许找到了一种新的方式来延续旧的分类"。两种不同的传统产生了学生的"两种国族"：

> 一种坚实地扎根于令人敬畏的学术传统中，适合学习事实性知识，这些知识有着清晰的界定，学科间界限分明。另一种强调实验，其灵感更多来自美国而不是我们自身的历史，关注当代问题，主张将学科科目整合在一起，拒绝正式的教学方法。前者强调在外部考试的结构中来把握学校教育，而后者则试图将学校视作儿童的成长环境。（Shipman，1971，p. 104）

除了学术性传统和"教学性传统"（the pedagogic tradition），西普曼漏掉了英国中学第三个延续下来的传统。那不仅是"根据儿童的环境来调整学校的任务"，还一直存在着功利主义的传统①的一面，强调儿童要为进入工作环境做好准备。这种功利主义的东西假借职业教育的名义，冲垮了美国公立学校统一的公共目标。在英国也一样，它受到了倡导综合中学的人的关注。1976 年，英国首相詹姆斯·卡拉汉（James Callaghan）策划了一场关于教育的"大辩论"，他关注的问题在其于同年 10 月在牛津大学罗斯金（Ruskin）学院做的演讲中表露无遗："没有提议新的政策，但政府现在必须要建立一个教育标准，并理清教育与经济的关系，这是综合中学改革首先

---

① 学术性传统侧重理论知识和思辨能力的教学，教学性传统强调从学生的实际需求出发的教学，功利性传统主要是强调职业技能的教学。——译注

要解决的问题"。(Callaghan, 1976) 因此，在综合学校改革开始后十年间，教育为经济服务的必要性成为当务之急。

接下来的十年，综合中学改革的公平性问题和教育为经济服务的问题都突然不见了。随着撒切尔夫人在1979年选举中获胜，综合中学的观念受到各方面的攻击。但需要更多职业教育的观点又一次维持了学校的内部分化。中央政府资助发起了一次技术和职业的改革，重建中学课程，此外，政府还颁布了一项资助计划，对传统上一直为中上阶层子女服务的私立和直接拨款学校（direct grant schools）进行资助。在这些学校中，传统的学术性课程占主要地位，而在公立学校中，迅速推广的是很多职业性的教育课程。英国的情况在某些方面很像是美国公立学校历史的压缩和重演。有权力的利益群体设法破坏了公立学校的可能性，并利用推广职业性教育的机会重建和强化了学校内部的分化。

在英国，中学的历史走了一整圈，如今又回到了原点，重新恢复了文法学校、技术学校（后更名为城市技术学院）和综合中学三足鼎立的结构。值得注意的是，在公立学校中实施的新国家课程，并没有延伸到私立的"公学"中。英国学校教育的社会结构正在发生变化，这一点和美国类似，但方式不同。学校科目便是可供我们考察和分析各种支撑课程模式的社会力量之历史的"微观世界"。

第三章　课程史之需要

　　课程史之需要起源于这样的背景，即近来种种课程改革模式与课程研究模式之间，几乎都缺少有机的联系。两种模式都似乎有一种强迫症式的暂时性信念，即相信只要有了信仰与资源，过去的课程传统是可以被超越的。导致课程改革策略、课程研究与课程史（无论是作为研究模式、人造品、传统还是遗产）之间的这种令人厌恶的关系的原因，与这个增长的历史阶段有关。

　　课程改革与作为一门学科的课程研究的迅速发展时期，是从 1960 年至 1975 年。（Rubinstein & Simon，1973，p. 108）这是经济快速发展、社会乐观向上的时期，综合中学快速重组，用于学校教育和大学的公共财政支出得以增长。简而言之，这个时期是各种传统与遗产面临巨大挑战的时期，是一个普遍认为学校教育（及其课程）的新世界将要建立起来的时期。

　　始于 20 世纪 60 年代的课程改革的有关文件及宣言，展示着这样一种广泛的救世主似的信仰，即过去的传统或多或少会被彻底打破，相信一般意义上的历史，尤其是课程史，终将被超越。除了无孔不入的"创新"这个名词外，还有普遍提及的"激进的教育变革"、"课堂实践的革命"、"重绘学习地图"等。例如，克尔教授在 1968 年写道："在实践及组织的层面，新课程许诺要对英国教育进行革命。"（Kerr，1971，p. 180）如果反思一下的话，也许应该承认，有关历史对当下实践关系不大的观点，虽然理解有误，但其中有一些东西还是值得赞许的。

　　所以，当传统的课程实践被认为应被抛弃的时候，或许我们不用去惊讶如此多的改革竟然都不太去关注传统实践是如何演变、如何建构自己的。激进的改革到最后也没发生。现在，课程研究需要一些方法策略，以使得我们能够分析"传统"的形成及其生存，以及"创新"难以提升、难以制度化以及难以持续的原因。

课程改革的超越的观点感染了许多从事学校及课程研究的人。这个超级反讽却是对原因的最好解释。尤其是"被感染"的是那些从事评价及案例研究工作的研究者。反思这些参与者的想法，他们的有关超越的偏见，部分地可以由人们所持观念的历史气候来解释。这种观念认为，课程变革必须提上议事日程。

然而，如果说在评价及案例研究中采用质性研究方法的人大多持超越的历史观，那么他们并非孤军作战。一个特别的现象是，许多当代互动主义及民族志研究都差不多是反历史的。

在强调通过个案研究来检验预先假设是否正确的社会调查的实验模式中，长期以来占主导地位的是，忽视了行为主体对行动的理解以及互动过程。吊诡的是，被认为是对这种模式的一种反动的互动主义及民族志研究模式，通常一直关注的是情境以及偶然性所产生的结果，而行动主体的生活史及行动的历史背景却一如既往地没被收进视野里。互动主义研究关注经由互动而呈现的视角与定义，强调情境而非背景与历史。在此类著作中，行为的背景常被呈现为单向"结构的"或"文化的"遗产，并以相当分离的方式，强制着行动者行动的可能性。但是，由于过度依赖于各种决定论式的模式，互动主义可能处于这样的危险中，即不能呈现与历史过程有关的清晰联系。当然，"互动过程永远不全部由社会的、结构的或文化因素所决定"，而且"社会结构及文化的形成、维持与变化正是经由社会互动而实现的"。但是，如此强调个体潜能——"行动者总是有某种程度的自主性"——其危险是，各种历史性的关联的发掘将不可能，或者至少，发掘将会是不充分的。

分析一下被剔除的课程内容与实践之关系，过去 20 年已经充分证明了这种模式的危险。课堂实践，一个至关紧要但常被忽视的领域，互动主义给予了过度的反应，被呈现为一个确定课程知识模式的唯一而且基本的情境。这一关注点的一个不幸的副作用是，当改革课堂实践的努力失败时，教师，这类一目了然的失败的行为主体，可能被认为是负有不可回避的罪责的。我们需要一种策略来医治这种课堂近视症，并开发出一种历史的视角来分析超越课堂之外的种种局限因素。

在哲学家有关课程的大量研究中，他们把课程看作一种给定的存在，知识得以社会生产再生产的历史环境是被忽略不计的。哲学的这种去历史的特点，已经决定了它不可能成为针对超越观点的一副解毒剂，而是沉入一种我们上面所提到的直观中去了。

例如，赫斯特（Hirst，1967，p. 44）谈到学校的各科科目是"无可争辩的、理论上就有相互关联之逻辑性的"。事实上，这样一种哲学视角植根于一种特别的且极富争议的教育信念之上。

最为著名的一句论断是："无论儿童的能力怎样，其作为一种理性的存在，我说，他的发展的核心在于智力。"与这些信条相一致，赫斯特〔以及彼得斯（Peters）〕认为，"教育的中心目标是心智的发展"。（Hirst，1976，pp. 63 – 64）通过确定"知识类型"（后来扩展为"知识领域"）这些目标得以最佳实现。知识类型和领域提供了"逻辑上相互关联的学科"，而这些学科正是学校科目得以确立的基础。

这样，赫斯特与彼得斯的哲学，为学校课程提升学生智力发展的努力提供了理论基础。在他们的学校科目模式中，常暗含着这样的意思：这些智力学科是由那些通常在大学工作的学者共同体所创造的，之后才转化加工为学校科目。菲尼克斯（Phenix）以这样的方式对智力学科加以定义：

学科的一个通常标准是，它应该是有知识的人的一种有意识、有组织、传统的特定行为，而所谓有知识的人是指这类人具备某一特定的能力，能够以一套智力标准来为自己谋得权威的位置。（Phenix，1964，p. 317）

一旦一门学科成为大学的基础学科，它便会自我辩护：这样的知识领域是学校的"学术性"科目能够得到滋养和一般性指导的基础。问题是，这种去历史地看待事件的视角，只简单地赞成学科演化的既有结果以及相互联系的学校科目。所以，尚待解释的是，朝向最终模式进行演化的阶段和因素，它们推动积极的"学术性"科目沿着类似的道路发展吗？为了理解学术地位的演化路线，审视学校科目的社会历史是必要的，分析其建构及提升过程中所采取的策略也是必要的。

当然，社会学家已经注意到哲学研究为以学术科目为基础的课程提供辩护的方式。社会学研究的一个主要进展——知识社会学——则致力于解释更为基础的模式。知识被理解为是在响应寻求地位提升和形象提升的能动者或者是特定科目群体的要求的，这些个人或群体为维护和扩大他们的"利益"而展开着他们的行动。同样地，各种知识的形态被看做反映了每个社会的不同等级地位结构，这一结构是占统治地位的各种群体的行为产物。然而，通常的情况是，此类研究并未展现研究上的进化的、历史的过程，研究只有水平的横移而没有发展，带来了社会结构理论、社会秩序理论以及这些理论的应用。这种研究方法不可避免地把历史情境暧昧化了，而非清晰化。在那些历史的情境中，产生了"隔阂"、差异、模棱两可，而又正是在这些隔阂、差异中，个体能够操纵自己的各种行为策略。更令人担忧的是，在那些思考到了历史的时候，历史却经常，用希尔瓦（Silver，1977，p. 17）一个文雅的措词来表达的话，遭到"攫取"，用以证明一个现代的观点。我曾在戴维·莱顿的研究《为大众的科学》中，找到这样的"攫取"，他用他的研究来证明有关学校科学的一个当代政治观点。在这个案例中，一种很不具体的对历史的短短一瞥，被用来试图增进我们对当代学校科学的某种特定基础假设的理解。我认为，如果没有直接的参照物或者是找到一连串的证据，我们想从莱顿的研究中所提出的特殊历史证据去理解当代学校科学的基本假设，那是很困难的。很明显，"攫取"历史的危险是：如此这般便可在内容及情境的所有层次上对横跨几个世纪的变革进行研究。因此，需要更为系统的、发展性的观点，来理解课程究竟是如何被协商制定出来的。（Goodson，1983）

正如我们注意到的，对于多数课程研究中的去历史化，教育史学家已经提供了重要的矫正方法。然而，吊诡的是，对于上述问题的明晰意识，却经常导致一种过度反应，即为了当代理论上的目的，进行"攫取"的社会学滥用。

对于崇尚历史视角的课程专家的著作，马斯登（Marsden, 1979）认为他们"历史的视角经常被运用得不充分，研究被粗略地分为历史的与非历史的，只要这两个分类可以相互区别开来"。他对去历史的方法作了如下定义：

是一种忽视历史视角的研究方法，作者认为它是不相关的和（或）对之无兴趣的……如此，研究几乎是很天真地在时间的真空中进行的。（p. 81）

一种非历史的方法的特征是：

无论是在总体上还是在具体的概念上，都与历史学者的那些已被确立了的准则不一样，如不准确的材料、过于简化以及对过去的歪曲的印象。虽然它关注过去，但并不是为了历史本身而关注过去，而只是将它作为一种工具用以使当代的特制武器变得更为锐利。（p. 82）

除了这种历史的"误用"（misuse），马斯登将那些课程研究定位于："对过去的扫视只是为了支持某些宏观的社会—政治的解释或理论。"（p. 82）

历史学家对历史的误用作了积极的反应，认为它们是"使现时代的维度得到凸显"的东西，是"为了支持某些宏观的社会—政治的解释或理论"的。我的观点是这种反应有些过了头（当然，如果放在历史的语境下也是可以理解的），结果是，教育史已变为严格的"断代史"（periodised），它常采取从混乱而无结论的当代境遇中"光荣孤立"（splendid isolation）的策略，这就将它的热情与重要性都限制了。教育史研究应当坚决消除任何有关"使现时代的维度得到凸显"的思想，但正确的态度不应当是将当代事件都驱逐出去。依我的观点看，教育史研究应当建立思考的一个重要标准，从而有可能去解释与当代课程、实践有关的先例和前贤，以及种种的条件制约。同样，应该改变对理论的态度。历史研究的一个重要作用，是挑战、鼓舞有时甚至是概括理论，这一作用不应因恐惧他人的理论误用而削弱。

除了当代境遇与理论的矛盾心理，很多教育史研究共有另一个特点，就是主张在历史学家与课程专家之间积极展开对话。在许多方面，教育史研究对课程采取一种"外部"的视角，关注教育与学校教育的政治与行政情境，以及各种一般运动。从一定意义上讲，这是对可资利用的文献的一种反思，这些文献通常与教育及课程方面的各种中央法规、法令或决定相关。课程从启动到协商，到被认识，到被接受，是一个漫长的过程。鲁道夫（Rudolph，1977）[6] 警言道：

> 误读或误解课程的最好方法是只从介绍说明书上来看课程。这是一件了无生气的事。如此的无实质、如此的无联系，有时甚至是故意的误导。课程是社会的产品，那么，社会自身便应该是课程信息的更可靠的来源。（p. 6）

如果对课程的理解以及课程变革是涉及资源优先权的问题，那么关注及分析"内在"问题的研究模式就极为重要。内在因素的关键部分地来源于教育及学校教育结构化的方式，并与宏观的经济、社会有关。正如韦伯斯特（Webster，1976）指出的："教育机构不像工厂、医院那样，与社区的经济和社会福利那么直接那么根本地联系在一起，所以，得特别装配它们，以使其经受任何可能的危机。"（pp. 206 – 207）这种相对自主性，解释了各种历史传统与遗产在课程变革中的特殊作用，正如沃瑞（Waring，1985）所提醒的，结果是，"几乎无须惊讶，创新总是在传统框架内产生，而且，一个全新的传统是'一件最不可能的事情'"。所以，形成一种历史感可以纠正我们对课程的看法。取代对根本变革的奢望，我们希望在一股反动的回归之后，找到新的选择，因为在某地尝试过但失败了的变革，可能会出现在其他地方。通过历史，我们形成一种更长期的视角，以及一种全然不同时间跨度的期望，或许还可能形成一系列的方法策略。

社会史或学校科目之研究

课程社会学家在确定学校知识研究项目上的重要工作，引导着他们中的某些人去承认历史研究能够补充和扩展他们的项目以及承认学校科目应该是研究的一个焦点。20 世纪早期的开创性工作，已为我们的工作提供了重要的基础。知识社会学家在挽救和重新评价智力项目的重要性方面起到了巨大的作用。然而，在这个过程中，却丧失了对历史的及经验的境况的必要关注。现在我们的任务是重新审视历史研究方法在课程研究中的角色，同时，为增进我们对于学校课程尤其是学校科目的社会史理解，还需重新表述（re-articulate）研究的模式。

《学校科目与课程变革》（*School Subjects and Curriculum Change*）初版于1983 年。在这本书里，我考察了三门学校科目的历史：地理、生物以及环境学习。（Goodson，1993）每一门科目都有一个类似的演进轮廓。最初的工作是形成关于学校科目的地位、资源与结构如何推动学校科目知识走向特定方向——我称之为"学术性传统"方向——的一系列假设。紧随这项工作之后，新丛书《课程史研究》（*Studies in Curriculum History*）也启动了。在第一卷中，《中等教育课程的社会史》（*Social Histories of the Secondary Curriculum*）（Goodson，1985）致力于研究更广范围的科目：古典课程（Stray，1985）或科学（Waring，1985。他曾撰写过有关纳菲尔德科学的早期重要的文章）、家政科目（Purvis，1985）、宗教教育（Bell，1985）、社会学习（Franklin，1985；Whitty，1985）以及现代语言（Radford，1985）。这些研究反映出对课程的日渐增长的兴趣，除了解释学校知识迈向学术性传统的象征性变化之外，还提出了关于学校科目的过去及当前解释中的社会学或哲学的核心问题。《课程史研究》丛书中的其他研究，关注于特殊科目的细节部分。1985 年，麦卡洛克、詹金斯和莱顿出版了《技术革命?》（McCulloch，Jenkins & Layton，1985），这本书检讨了"二战"以来英格兰及威尔士的学校科学与技术课程的政治。布莱恩·伍尔诺（Brian Woolnough，1988）所作的后续研究关注了 1960 年至 1985 年这一时期的学校物理教学的历史。另一开始出现的研究领域是学校数学史：库伯的著作《重议中等学校数学》（Cooper，1985）关注大量数学传统的命运，并明确提出重新定义学校科目知识的模型；鲍勃·穆恩（Bob Moon，1986）的著作《"新数学"课程争论》也同时关注了英格兰数学与美国数学的关系，同时作了关于教科书传播方面的有趣的研究。美国的学术研究也开始以历史的方式关注学校课程的演化。克利巴德（H. M. Kliebard，1986）的重要著作《美国课程的奋斗（1893—1958）》指出了学校课程中的大量的主流传统。这本书还得出了很有吸引力的结论，即在所有时期，传统的学校科目一直都是"坚固的堡垒"。但克利巴德的研究并没有将我们带入学校生活的细节中去，在这方面，拉里·富兰克林（Larry Franklin，1986）的著作《建设美国社会》，用明尼阿波利斯的案例带给了我们一些有价值的内容。我们从中看到，从有关课程的各种观念——那是克利巴德的研究范围——到作为学校实践的应用这一过程中的鲜活的交涉与协商。此外，由汤姆·鲍勃克维兹（Tom Popkewitz，1987）主编的论文集关注了一系列科目的历史：早期教育（Bloch）、艺术（Freedman）、读写（Monagha & Saul）、生物（Rosenthal & Bybee）、数学（Stanic）、社会学习（Lybarger）、特殊教育（Franklin；Sleeter）、社会主义课程（Teitelbaum）以及克利巴德和魏格纳（Kliebard & Wegner）所作的鲁格斯教科书研究。

加拿大的课程史由于乔治·汤姆金斯（George Tomkins，1986）的先驱性著作《一张共同的面孔》（*A Common Countenance*）而被视作重要的领域受到关注。这本书研究了加拿大过去两个世纪以来的一系列学校科目的课程稳定与变革模式，开拓了课程史研究的一个重要的、新的领域，例如，罗威尔和加斯克尔（Rowell and Gaskell，1988）的极具生命力的有关学校物理史的研究。罗威尔和加斯克尔的文章收入于新书《课程史的国际视野》

（*International Perspectives in Curriculum History*）（Goodson，1988）中，这本书致力于将不同国家关于课程史的较为重要的研究聚集在一起，而罗威尔和加斯克尔的文章提供了一个重要的研究案例。除了上述提到的斯塔尼克、穆恩、富兰克林、麦卡洛克、鲍尔、罗威尔和加斯克尔等人的研究外，还有一些重要的文章，如霍德森（Hodson，1988）的《维多利亚时期的学校科学》、路易斯·斯密斯（Louis Smith，1988）的《科学教育》、甘德姆（Gundem，1988）的《挪威公立学校中的英语》，以及马希（Marsh，1988）的《西澳大利亚高中地理的发展》。

重要的是，新的研究已经开始在传统的学校科目研究之外来关注更宏观的主题。例如，皮特·库宁安（Peter Cunningham，1988）的著作研究了自1945 年以来英国初等学校的课程变革。马斯格雷夫（P. W. Musgrave，1988）的著作《谁的知识》（*Whose Knowledge*），对1964 年至1979 年的维多利亚大学考试委员会作了案例研究。历史研究对变革的解释已经从课程内容扩展到了考试内容，考试内容在理解地位与资源于学校内部的分配中起着重要的作用。

近来的研究开始探索课程史的性别模式。简·伯纳德·波瓦斯（Jane Bernard Powers，1992）的卓越研究《教育中的女孩问题》（*The "Girl Question" in Education*）是此类研究的先锋。同样，也开始了对作为世界运动的现代建构主义课程进行研究。约翰·梅耶等人（John Meyer et al.，1992）的研究《为大众的学校知识》（*School Knowledge for the Masses*），对20 世纪世界范围内的主要国家课程类别进行了突破性研究。

学校科目和课程研究的新方向需要一种宏观的方法。特别的是，这种研究必须转向检视学校科目内容与学校实践，以及过程中的形式与问题的关系。现在，在英格兰和威尔士，改变研究方向，转向对"国家课程"的反响的评论和讨论，是至关重要的。肯定的是，在阶级这一层面上，先前的研究范式已经过时了。对伯恩斯坦的课程研究（Bernstein，1971，1975）与英国当前艺术课程的分析进行比较，给了我们一个极好的提示，它提醒我们变革是在政治气候与高校的种种反应中进行的。

"国家课程"或许是一个绝佳的指示器，标示高校内普遍存在着一种退缩和服从的气氛。"国家课程"呼吁伯恩斯坦所集中展示的那种社会分析，这一呼吁最早由福斯特·沃森（Foster Watson，1909）提出过。概言之，就是"现在是了解国家课程之史实的最恰当的时候，还要了解将这些史实纳入到教育课程中的各种社会因素"。

按照所谓的课程的社会建构主义研究的说法（Goodson，1990a），国家课程研究的欠缺，是个无须震惊的现象。正如我详细指出的，尤其在英国本土，学校科目史的研究已经有超过十年的繁荣。现在，我们对学校科目中存在的大量阶层、性别、种族偏见已经有了很多的了解。然而近几年，致力于研究和解决这些问题的学者，除了少数几个，值得尊敬外，在其他人的国家课程研究中，几乎都无视了这份遗产所做出的贡献。他们与撒切尔政府合谋，将国家课程看作教育的一场全新的、彻底的革命。而课程史却表明事实绝非如此。正如我在别的地方所指出的（Goodson，1994），政府的政策和宣传，鼓励了这种记忆缺失症（在学术方面无法进行有力的挑战，也带来了同样的后果）：

当前政府许多计划中的强迫症式的现代主义创新，已经成功模糊了这种深深扎了根的联系，这种联系当然与英国作为一种等级社会的现在及将来有关。（Goodson，1990b，p. 231）

课程史因此应该系统分析形成了学校课程之持续的社会建构与选择，阐明社会目的在各个时代的连续和断裂。强调应用的课程研究之流行范式缺乏社会—历史视角是很重要的，但更重要的是，要指出那些更为"激进"的课程研究，其实也是五十步笑百步，虽然它们研究的是对国家种种新政策的学校主体性的抵制。这种研究不仅缺乏社会—历史视角，而且只知道关注反应（reaction）。借用弗雷德里克·詹姆逊（Fredric Jameson，1992）的话，即"暴力反击并不等于正式宣战"。学校对国家课程的抵制也是如此。谈国家课程的社会建构，实际上是以提出社会目标之历史变迁问题的方式，设置了一套宣战的词汇。

课程史可以解释和分析课程之社会建构的持续过程。这种历史为我们提供了一个新的研究领域，在这里，学校科目或许可以再次被作为社会分析的一个切入点。

第四章　变革过程和历史阶段：
一种国际视角

最近绝大部分的学校重构努力都伴随着一系列特征，它们一直采取一种"盲目乐观的唯新是求"的姿态：它们得了一种遗忘症，这种遗忘症只关注新的"变革力量"，只关注问题的自然解决。总之，对于之前的种种变革努力，对于这些努力所嵌入的历史情境，以及对于作为一种历史积累的学校教育的各种形态，它们表现出一种近乎心甘情愿的忽视。

在某种程度上，将"变革"和"改革"视为文化自身的一部分，应该是较为合理的。在某种意义上，它们代表着否认和不赞成的文化。它们想要达到"历史的终结"，并声称通过否认历史的诸种力量来达到目的：取代"历史的力量"的是"变革的力量"，取代旧的能动者的是各种新的标准。

这种唯新是求的一个很好例子就是英国国家课程。1987 年，其作为胜利者的撒切尔政府的一个主要的、新的改革举措登台亮相。教育理论家们经常不加批评地接受这种唯新是求的意识形态，许多课程理论在这一时期采取一种"新"胜利主义的腔调，尝试去建构各种新"指南"以使得这种新的灵丹妙药能够"生效"。提出一种更具分析性和历史性的方法，被认为是"不恰当"的。鲍勃·穆恩（Bob Moon）的著作就是这种"目光短浅的生效"的一个典型例子。我在那时候就提出过警告：

正如对国家课程的研究所证实的，人们很容易被那最表面的令人兴奋的活动所欺骗。被眼前的表面的东西所吸引，这意味着要冒忽视背景中的连续性的危险。被令人兴奋的表面所吸引，课程研究和课程理论就会失去进行独立学术科研的能力。（Goodson，1995，Preface：p. 17）

事实上，国家课程提出了一系列广泛的问题，从教师的不满，到课程机会的减少，再到学生不断高涨的不信任情绪。目前，政府尝试着放松对国家课程的控制，并再次提供更宏观的课程机会去试图彻底转变教师和学生的不满。正如国家课程（以及英国的疯牛病）的命运表明的那样，独立的学术与左翼的"吹毛求疵的批判主义"并不等同，这些"独立的学术"所提供的分析性建议能为政府节约大量的金钱，而这些金钱正不断花费在各种计划不周和准备不足的新项目上。各国政府或许会在雇用独立的智囊方面有很多事可做。这些智囊以全球政府高级幕僚的面目出现，而且政府会不断与他们相遇。教育的变革当然服从于类似的全球性势力，当变革的理论家们仅仅采用眼前的表面的材料，他们就忽视了背景上的连续性。

正如我们会看到的，历史不会"终结"，而变革的力量最终将不得不与其他历史力量沟通协商。从变革理论的角度来讲，这种沟通协商最好是从最早的阶段就开始，而不是等到变革自身在人们行为的熔炉中被破坏了、被颠倒了以后，才开始去尝试。

变革理论的综合

从历史角度来看，"变革的力量"以及渗透到了边边角角的各种再建构努力，在当下风靡世界并非是一件很值得惊奇的事。自1989年以来，我们在世界上目睹了一个政治意识形态支配领域发生的地动山摇般的变化。在被那些信徒们到处兜售的凯旋式的欢呼"历史的终结"之上，存在着一种信念，那就是美国的民主和商业价值现在已经征服了所有不同的政治与经济体制。当然，在这一意识形态的变迁背后，是一个巨大的技术转型，很多人相信这一转型将我们置身于"第三次工业革命"之中。这一巨大的转型，理所当然地推导出了一个正在流行的信念，即历史现在已经不成为问题了，失效了，已经终结了。

但是，在社会生活和社会体制的日常世界中，这种历史的轻而易举的放弃，没有一刻经得住仔细的审视。科索沃、卢旺达或者是北爱尔兰的局势，真的是能够算作超越了历史？那些变革的力量，不是即便用尽了他们那些高尖端的炸弹以及监控技术，最后也不得不面对人的、历史的因素吗？答案显然是，转型式的变革力量将不得不遭遇各种现存的生活的、理解的模式。这一点同样适用于我们来思考我们学校中的变革力量。学校是一个非常集中式的社会化场域，此中深藏着我们的社会记忆。对于学校的再建构，或许不能说要比重建科索沃来得简单。

约翰·梅耶等人（John Meyer et al.，1992）认为学校改革如同一场"世界运动"，横扫着全球：发明于一个国家，但很快被其他各国的政治精英和强势利益群体所采用。但后来搞清楚的是，学校改革的这些世界运动，以各种不同的形式，根植于他们自己国家的学校体系之中。国家的学校体系是世界变革力量的折射镜。我们的目的是要理解这种社会折射过程，这样才能发展出一套变革的理论，能够对学校教育的环境（尽管是变化巨大的环境），保持高度的灵敏度。

在《变动的财富》（*Fluctuating Fortunes*）一书中，沃格尔（Vogel，1988）证明了全球商业力量的变化周期。在商业力量的高涨期，学校表现出受商业价值驱动的趋势。这种时期，时代推动教育政策和经济政策走向封闭性的调和。此时，教育问题倾向于受职业性问题的极大驱使，竞争与经济效益的问题成为广泛关心的所在。然而事实上，教育的和经济的并非同义，某些场合它们能够很和谐地得到促进，但另一些场合，如果我们在学校教育自身的权利意义上来仔细审视学校学生教育需求的话，就会知道它们导致非常不同的取向。而在有些场合，当商业力量被另外一些力量制约在一个比较均衡的状态下的话，教育者群体"内部"专业力量则可以表现为一种主要的决定性力量。

这样的一个时期开始于"二战"后。不同政治意识形态之间的"冷战"将资本主义商业价值置于共产主义生产的对立面。在西方，基于追求平等主义的社会政策，公共教育体系作为增加社会利益以及社会财富的手段得到了极大的促进。商业价值和私营部门体现出一种"混合经济"的状态，在此，公共领域提供许多国家体系的"公共服务"。

这一时期很好地持续至 20 世纪 70 年代，在某些国家（如加拿大）甚至是持续至 90 年代。其间，教育工作者被看作拥有许多专业自治权力。因此，这一时期的许多教育变革，是由内部教育专家来发起和界定的。

在这些职业自治的历史环境中，变革理论关注那些被教育工作者群体（他们"内属于学校体系"）用以发起和促进变革的各种资源。为了将 70 年代的课程变革概念化，我开发出了一套用以审视变革"内生关系"的模式，以与变革之"外生关系"相对照。

内生的教育变革

20 世纪六七十年代主流的内生教育变革的一个例子，可以在我当时做的一系列研究所开发的一系列课程变革模式中找到。例如，我将学校科目变革的模式界定为如下的四步演化模式。（Goodson，1995）

1. 发明。很可能是来自教育工作者的行动或观念。有时是作为对"舆论氛围"的一种回应，或者是对学生的要求或抵抗的回应，也或许是来自"外部世界"的那些发明：

> 创造所需的观念……通常在许多地方并在一个较长时期内都是鲜活的。这些发明中只有极少的几个会引发出更进一步的行为。（Ben-David & Collins，1966）

2. 促进。为教育体系内部的教育工作者群体所推动。发明将会产生于"那些地方和那些时间，在此人们开始感兴趣于新思想，不仅因其知性的内容，而且将它看成是建立一种新的知识认同，并且特别是一种新的专业角色的手段和工具"。因此，低地位、没有什么晋升机会，或者甚至是面临实际生存问题的科目或许会真的很窘迫，因而发展出比如环境学习这样的新科目。相反地，高地位的科目或许会忽视非常好的机会，因为它们已经在资源方面获得了满意的结果，在职业晋升机会方面也能够心满意足。科学群体对"技术"的反应或者是（有可能）现代数学群体对于"计算机科学"的反应，正是这样的例子。发明的促进来自对专业角色与地位的基础性提升之可能性的认识。

3. 合法化。如果成功的话，新发明的促进将导致新领域或新科目的设立。虽然促进一开始首先是由内部产生的，但它必须与支持者发展出一种外部的关系。这将成为一个主要的阶段来保证新领域或新科目被完完全全地接受、设置和制度化。而且，一旦设置成功，它们会一直得到支撑和支持。合法化与那些话语的开发和维持相连在一起，或者是与为正确地被命名的活动提供自动支持的各种合法化修辞相连在一起。

4. 神话化。对一门科目或一个领域的自动支持一旦达成，活动便可以在很大范围内展开，但不能对合法化的逻辑也就是有权者的支持构成威胁。就这一点说，科目是神话化的。从本质上讲，科目代表了一个资格证书，它通过其背后的法律与制度的力量得到承认（或者可能是"专利"或"寡占的权利"）。科目被成功地"发明"出来，发明的过程和设置的过程颇为复杂。（Goodson，2005，pp. 193 – 194）

可以将学校科目变革的这一模式作为一种更为普遍的教育变革模式来重新进行阐述：

（1）发明可被视作是变革的表达方式；

（2）促进被视为使变革生效；

（3）合法化被视为政策制定；

（4）神话化被视为变革的建立或维持。

但是20世纪60年代到70年代期间，变革模式研究中得出的最重要结论是有关内生变革如何应对外在力量的合法化的。当然，内生变革确实存在于外在的、人为的舆论环境中，但重要的一点是变革思想的发明和生产是先内在地开始，然后才是根据外在的合法化调整自己。正如我们已经看到的，

"二战"之后的一个时期，以及 20 世纪 70 年代到 80 年代期间，公共服务的供给很大程度上是由专业群体来提供。某种意义上，教育是由那些发动和促进教育变革的教师和教育家来提供。而这些变革仅仅是对外在刺激的简单反应的情况并不多，在相当程度上，外在的观念在变革确立的更晚些时候才会出现。教育变革因此被定义为内在地发生和发展，然后持续，并为了确保巩固和合法化而获得外在的支持。

变革的外生关联

在 20 世纪 70 年代后期之前，内生变革理论一直是变革理论的关键，这一理论后来被修正和改写。由于 1989 年西方企业主义取得了胜利，很重要的是要修正变革是内生的假设，分析那些现在到处可见的教育变革的各种模式。

我最近主张，内生变革的主体面临着"地位危机"。（Goodson，1999）这种地位危机普遍存在于各种变革力量之间的平衡被基本颠倒的地方。现在，变革可以被视为是被发明的，并且发端于外在支持者。这种情形下，内生变革的主体发现自己只是对变革做出反应而已，而不是发起变革。这样，他们经常扮演着对外部引发的变革做出保守反应的行动者角色，而不是激进的变革主体角色。由于并不与他们自己定义的使命相一致，教育变革通常被视为是外来的、不受欢迎的、敌对的。对于内生变革主体而言的地位危机也即是针对来自外部的种种愿望，激进的内生变革主体可能变成保守的、对抗的、消极的变革主体。

总之，基于以上原因，变革理论开发出了一个更加精致的历史框架。过去，变革是教育者的内在使命，当外在关联也随后发展起来时，我们或许可以假设存在着教育的良好愿望以及有关目标的共识和激情。而现在，教育工作者群体更多的是既成的外在目标的传递者，而不是内生变革的主体或合作者。

鉴于此，安迪·哈格里夫斯（Andy Hargreaves）和我启动了一项新的多点研究（multi-site project），研究美国和加拿大的学校变革。我们的主要关注点是分析并历史地比较不断变化的变革的各种条件。从结论上讲，我们的方法论既是历史的也是人种志式的。 （参见 Hargreaves，1994；Goodson，1995）

我们对所研究的这些学校，就其已经尝试的变革与改革建立了一套历史档案。我们开始关注教育变革是如何遵循一系列周期的——这类周期类似于经济中的周期。的确，我们开始看到就像康德拉捷夫（Kondratiev，1984）所指出的那样，一如经济变革，教育变革也是在长时段或短时段周期中发生。

在这些周期中，内部专业群体和外部有权者之间的力量摇摆十分明显，并且这种摇摆不定影响了我们分析和定义的各种变革力量以及相关的变革理论。

让我来举个例子。杜兰特（Durant）是地处纽约州北部的一个工业城市，它是 20 世纪 60 年代后期由多个内部教育者群体创办并发展起来的。其中一个群体致力于建立一个广义上讲具有激进特征的城市学习环境，并开始在市中心建立一套全新的教育基础设施。由于教育工作者明确和推广了他们的教育使命，一个学生团体被吸引了进来。在接下来的进程中，一个具有相似思想的学校间的松散同盟出现了，它们交换着思想和材料。由此，变革力量带有了一些社会运动的特征。在接下来的过程中，学校开始与外部有权者——家长、当地商业机构、校董事会——进行协商，然后学校融进了当地教育系统，成为其中的一员，尽管是比较激进的一员。

但是最近，变革模式已经比较剧烈地向之前提到的颠倒的模式方向发生变化。现在，学校首先是对外部群体推动的变革做出回应。

例如，在新的建筑和资源资助方面，当地商业机构，如花旗银行，扮演着主要的角色。不仅地方商业机构的利益影响到学校政策，而且当地商业集团在推进新的教育"标准"以及发动和促进主要的教育变革中都有巨大的影响力。"没有围墙的学校"在强调以课程论文和设计作业来衡量学生成绩这一点上遵循了进步主义教育实践。而学校现在面临着的是来自学校董事会委员们所推行的新目标的挑战，以致不得不让学生坐下来对付董事会的考试模式。这将改变学校课程的情境和管理，从而也改变教学的环境。这种新的变革，首先是被外在赋权然后才是内部的协商。

在当前变革环境下，将人种志和历史的方法综合起来，能为我们提供用来发展对新形势更为敏锐的变革理论的资料。这种新理论能够让我们在现时的具体历史情境中，对外生关联和内生因素之间不断变动的平衡做出有效的解释。在我们先前研究项目搜集到的事实依据的基础上，最近我提出了一个重新公式化的变革模式。（Goodson，2001）

1. 变革规划。教育变革被放在一个很广泛的外部领域中加以讨论，包括商业集团、相关智囊集团、"标准就是商机"这样的新的压力群体以及各种较新型的家长群体。通常这些变革类似于世界运动，这些运动可以追溯到世界银行和国际货币基金组织。（Torres，2000）变革在很大程度上是被这样一种信念所驱使的，这种信念认为教育是市场化的，以及必须为享有教育自由选择权和交涉权的家长"消费者"们提供服务。（Kenway，1993；Whitty，1997；Robertson，1998）

2. 变革推动。以同样的方式为外部群体所操控，也伴随着各种形式的内部群体的参与。如里德（Reid，1984）写道：

外在力量和结构的出现，不仅仅是作为思想、激励、动机和压力的提供者，更是作为对教育内容、角色和活动进行规划的决定者和执行者。这些规划，是学校为了获得支持与合法性，其实践活动必须遵从的。（Reid，1984，p. 68）

3. 变革的合法化。为学校遵从外部赋予的变革使命提供了合法的动机。在一些国家，学校的好坏以考试成绩（以排行榜形式公布）来衡量。还有其他一些评估方式，如将教师收入与教师在学生考试成绩或测验结果中的业绩表现挂钩（Menter et al.，1997）。这种合法化导致学校教育进入了一个新的王国，但同时允许教师在教学方面和自己的专业性方面作出他们自己的一些回应。总之，学校变革的方针和课程以及评估的方针由此被合法化了，但变革所需要的专业自主以及相关领域仍旧能够独立存在。在某些国家（如斯堪的纳维亚国家），这导致了激进的去中心化和新的专业自主性的产生。这再次表明，变革的世界运动是历史性地反映于国家的各种体系之中的。

4. 变革的最终确立。当外生变革得以制度化、合法化地确立，对学校怎样运行的新规划的理解基本上确定了权力的归属——发布被赋予新使命的课程设置，制定新的评估和检查标准，对教育消费者的选择和要求作出回应等。学校市场化在很多国家被认为是大势所趋，并在这种认识下获得了神话般的地位。（Hargreaves et al. , 2001，pp. 51 - 52）

变革 VS 持续性：外生 VS 内生

在变革的当前环境中，教育变革的力量主要来自外部支持者。这些外部力量根本上遵从了1989年以来十年间、在促进全球化和市场化方面的地动山摇般的巨大变迁。20世纪90年代的胜利时期，似乎就成了故事的终结，或者用福山（Fukuyama，1993）那句祝辞般的表述，是"历史的终结"。当我们把人种志和历史研究综合起来关注更长时段的变革周期时，我们发现，事实上，市场化和全球化在学校教育中的胜利很可能只是暂时的。学校本身是制度化了的各种实践、各种社会记忆、各种程序以及形形色色的专业主义的主要场所，这些东西几个世纪以来被历史性地建构和嵌入在了学校里头。因此，表面上的胜利者，其被外部赋予的变革使命，面临着现存学校体制的可以被称作为情境化惰性的东西。实际上，那些产生于千禧年之后的变革，将遭遇到来自外部使命的变革力量与现存学校教育之历史情境间的碰撞。

在许多西方国家已经可以看到，当外部使命变革的乐观主义面临学校教育的传统时，其乐观的基调日趋衰微。许多国家存在着一种道德恐慌：太多的金融资本和政治资本被花费在教育改革上但却收效甚微，以至于"责难和羞辱"的微妙游戏经常上演。受到责难的通常是教师、学生或家庭，而含混不清的外生变革计划却很少受到批评。

为了分析变革的可持续性，我们不得不去理解变革的各种条件，而为了这么做，我们又不得不深化我们历史的和人种志式的研究。这也是为什么这一章一直强调在我们的分析中要有一种历史感——不是出于一些模糊的学术性信仰，而纯粹是因为如果没有这般理解的话，我们无法追求变革的可持续性。如果没有对情境的敏感性，那么新的变革力量就可能在与现存的学校情境的冲突中触礁沉没。受外部支配的变革力量，作为宣称新世界秩序胜利的一股象征性势力，可以说是不辱使命，但除非他们提高了对情境的敏感性，否则这种胜利很可能是短命的、不能持久的。在某种意义上，一种对变革理论更加历史性的理解是一项非常务实的规划。

最近，我在英国教育学会的劳伦斯·斯腾豪斯讲座（The Lawrence Stenhouse Lecture）中指出，新市场主义胜利的问题之一是在很多地区它都过了头。我认为，最明显的是，新市场主义者在试图管理和减少专业性主体方面——无论他们是医生、社会工作者还是教师，都是过头的。专业群体在传递专业服务时是一种鲜活的能动者，有关他们工作的性质，需要极为谨慎的、认真的讨论和界定。当变革的力量呼应外在的势力但却忽视内在动力时，胜利主义者的过头便导致了整个专业体系的糟糕的业绩。

让我再举个例子。历史教训是有教育意义的，但必须带着这样的警告去理解：过去的历史经验本身是嵌入在不同的政治和社会情境中的。这个例子仍然是来自英国学校教育中的胜利主义的早期阶段。英国政府在 1892—1895 年期间，开发出一套"国立学校"的国家体系，开始要求教师遵循教学大纲，并根据他们在按照教学大纲教学时所取得的成绩来决定报酬。总之，正是这一将学校和教师作为"象征性行动"来控制的例子，表明了谁是老板，以及怎样坚持一种特定的封闭的学校教育形态。福尔摩斯（Holmes, 1912）曾对当时所发生的事情发表看法，指出了外在变革力量与内部情境的麻木搅和在一起时所带来的种种危险：

国家在制定国内所有的学校都必须遵守的、针对所有科目的教学大纲时，并没有考虑到地方性或个人的因素，这是一种极严重的犯罪。它的确为教师考虑到了一切。它极其详尽地告诉他，在每年的每项"标准"中他要做什么，如何应对各门学科，以及他需要讲多深、需要涵盖多大的范围、知识总量是多少、什么程度的准确可以算"及格"。换句话说，它给他提供理想境界的标准、一般性构想、更直接的目标、工作方案，以及即使并不在所有细节上控制他，它也给他提供毫不迟疑地去实行的（通过暗示）间接的提示和建议；因为它告诉他，在每一堂课和每一科目所完成的工作都将在每年末通过对每个孩子的一次审慎的考试中被检查；而这必然要求他努力使他自己的教学适合考试题目的类型，这种考试题型是对他所期望的每年考试经验的一种检验，他应该逐步地将他自己、他的思想和灵魂传达到教育部门官员那里——白宫中那些制定每年教学大纲的官员和在不同区域验收它的官员。

教育部门对教师所要求的一切，又迫使教师将它强加到孩子身上。成为他人意愿的奴隶的教师，只有将孩子变成他自己意愿的奴隶，他才能实现对知识的传授。被他的上级剥夺了自由、自主性和责任感的教师，只有剥夺他的学生们的这些同样重要的品质，才能实现对知识的传授。对这一坚不可摧的体系的致命压力作出反应的教师，已成为习惯和秩序的一个产物，只有通过将学生也变成像他自己那样缺乏自主、木偶般的人，他才能实现他对知识的传授。但不仅仅是因为机械的服从是致命的，从长远来看，对于心理观念和精神观念的发展而言，通过一个千篇一律的教学大纲控制初等教育阶段或任何其他阶段的教育，都是应该反对的。就事物的本质而言也是如此，一个千篇一律的教学大纲是一个很糟糕的教学大纲。（pp. 103 - 104）

结果，根据绩效给予报酬的方式很快被放弃，但非常有趣的是，鉴于教育政策的历史遗忘症，像美国的一些州和地区一样，英国政府又开始根据绩效决定报酬。19世纪的这一段故事，于是终于以一种更为精妙的平衡方式，在外部的压力与内部的专业技能之间达成了沟通协商的一致。当当下一些计划开始施行，"外部的"变革理论开始遭遇到可持续性和普遍性的挑战时，我猜测同样的沟通协商会再次发生。在一些国家，我们已经可以看到，那些过头了的东西是如何使得专业性的进步力量重新回归到内部的实践者与教育者之阵营中来的。

在英国，例如私人金融计划已允许私营部门的企业家去建立和租赁学校，并提供一系列相关服务。然而，这些企业家不愿意进入教与学的专业领域。在此，用于开发"教学法"和培养内行专家的新的资助经费在不断增长，因而在这轮新的讨论中，发起变革的一大部分专业权力是保留给了内部主体的。变革理论将再次需要集中关注这些既是从内部产生，同时又是外部赋予的变革。我相信我们将再次看到，内在于学校、提出许多时代变革新议程的"自下而上"的变革，会伴随着外部自上而下指令式的变化。这些不同的变革模式和结果，其维持和提升学校变革的重要能力，现在将受到检测。

结论和复杂性

变革的各种模式和理论之不断变动的模型，使我们摆脱了对于专业性的内生变革的坚定信仰，转而去关注被宣称为已胜利在握的外部赋予的变革。对于我们来说，这一转向能使得我们可以开始对外部赋予的变革之坚持新改革的能力进行追问。决定性的标准即是变革的持久性。

外部赋予的变革中的重要空白点是，与教师的专业信仰以及与教师自身的个人使命之间缺乏联系。在之前的变革模式中，这是作为构成模式所必需的一部分而植入其中的，而在外部赋予的变革模式中，它只不过成了一种被假设的东西。

目前搜集到的所有证据都显示，这个假设明显错误，它缺少了任何新的变革和改革之核心所必定具有的个人与专业性的参与。那不仅是一种没有立场的缺席，事实上从以下情况还可以看出它是一种主动的缺席：对于如此之多的变革和改革，混杂着的是极度的冷漠和高度的敌意。

极度冷漠，是因为很多教师反映他们完成个人和社会使命的重心已经转移到他们的专业生活之外；高度敌意，是因为如此之多的变革显得设想不良，从专业的角度讲天真幼稚，并且违背职业信仰的灵魂和精神。

第五章　变革理论的发展：
教育变革的各种浪潮

重申问题："时间"的醒目特点与潜在性

　　这一章由"长期变革"研究项目的内容引申而来，该项目于 1998 年至 2004 年间在美国和加拿大实施，由斯宾塞基金会赞助。通过将项目命名为"长期变革"，我们希望强调我们研究中一个值得投入更多关注和兴趣的侧面。对接受过历史训练的人来说，不可理解的是，在如此多的社会研究，尤其是我们的教育研究中，时间都被看成是一种不问自明的现象。我们或许可以尝试通过对当下变革的强迫症式的东西、通过"变革速率"（velocity of change）本身，或通过进步主义对基础学科（如"教育史"）的负面影响，来解释这一现象。但是这种解释本身也是把时间看作不问自明的，因而是反历史的、忽视时间的，乃是许多宏大传统中的一种。

　　我们根据时钟的指示安排生活，事实上，我们每天都由时间控制着。这就是吊诡之处——我们对遍布周身、无孔不入之物却熟视无睹。正如杨和舒勒（Young & Schuller，1988）在他们的开创性著作《社会的节奏》（*The Rhythms of Society*）中写道的："如果我们不只是强制自己服从于时钟时间而且是越来越如此，那么社会科学家对时间的关注得如此不足，就更加奇怪了。"（p. 2）对教育以及学校教育的研究中普遍存在这种神秘的忽视。在某种程度上，教育学者反映着他或她的研究对象——教师、行政人员和学生的自我意识，这种意识也都把时间视作理所当然、天经地义的。

即使是在一个自由随意的社会中，时间在日常生活中的权威都是如此的完整以至于它很少表现出有什么问题。而如果时间对这些研究对象来说不是问题，那么它对于其他人来说，也丝毫不会成为问题……（Young & Schuller，1988，p. 3）

但是，此处却形成了一个特殊而奇怪的讽刺，社会"变革"，——在此指的是教育"变革"、学校"变革"——的研究却忽视时间。这一点，第一眼看上去似乎是一个重大的疏漏。毕竟，如果说变革是和什么有关，那就是时间。我们认为，粗略地考察一下已有文献就可以证实这一说法，当代很多著名的变革理论家都忽视了时间。应当提醒他们，忽视时间就是忽视历史，而忽视历史就是忽视了人类在充分利用时间的过程中的能动性。

当代很多对学校变革的研究，包括交叉研究，只是简单提到了社会脉络和时间（如 Fullan，1999，2000；Lieberman，1995）。这类对学校变革的主流研究，不允许将变革和改革的种种努力"置于"过去的影响和因果关系中，或进行从过去到现在并直达将来的纵向研究。有关变革的主流研究文献，大多具有这种反历史的特点。它确实是进入了"变革"的修辞语境，这种修辞在当前全球化重建的背景下，被视作是特别强大的（正如我们后面将会看到的，这具有一定的正确性，但应在严谨的历史考察后提出此观点，而不只是善辩者的一种假设或主张）。历史又一次提醒我们注意时间的连续性：

一旦把时间看作一个连续流，认识到时间在本质上是连续的、不断流动的，那么，我们观察的就只能是变革、连续不断的变革。这并不是说在这个奔流中没有一个模式或结构，而是说任何一种模式、结构或静止的表象，都是由变革一层一层叠加起来而形成的。（Young & Schuller，1988，p. 5）

当然，一些教育史学家系统地考察过时间的这一连续性。这些研究的重点集中于以下方面：组织的生存和演化的宏观模式（如 Cuban，1984）、"背

诵的存留"（persistence of the recitation）（Westbury, 1973）、某些改革政策
的命运（Tyack & Hansot, 1992；Tyack & Tobin, 1994）、特定领域（如前述
的课程）的改革（如 Goodson, 1994）。一些研究关注经济增长周期和教
育费用的关系，如《英国教育史研究》杂志（教育史, 1998）曾组织了
一个专刊，文章主要来自一个名为"教育和经济成就"的学会。法国历
史学家，尤其是那些供职于蒙彼利埃大学的学者，曾长期研究经济浪潮与
教育的关系。（Fontvieille, 1990）在参与斯宾塞项目，对资料进行长期研
究之后，卡朋特（Carpenter）将博士论文的主题定为对 19 世纪至 20 世纪
涉及教育费用的变革周期的研究，特别关注 1945—1973 年间的情况。
（Carpenter, 2001）

正如本章中介绍到的，斯坦福大学的历史学家戴维·泰益克（David
Tyack）和劳瑞·古班（Larry Cuban）与他们的社会学同事约翰·梅耶
（John Meyer）一样，对改革周期作了特别深入的研究。墨菲（Murphy）对
美国教育政策中的改革浪潮的研究，加深了我们对学校变革周期的理解。

无论改革周期的长短如何，这些历史学家都带着极大的毅力与耐心，试
图分析出内在于变革与连续的各种模式之中的深层背景。在各种变革计划的
世界里，也的确是在许多有关变革的理论中，这种复杂性和自相矛盾之处都
被忽视或否定了。而我们的纵向研究，需要超越组织生存和演化的内在模
式，研究这些内在模式和外部运动的相互关系。处于社会经济结构之中的外
部运动，为保持"外部一致性"（Meyer & Rowan, 1978），限制了教育变革
和改革的可能性。因此，变革理论只关注各个学校的内部运动，忽视了外部
环境和经济背景中的各种宏观变革。然而，恰恰是后者，为学校的内部变革
设定了参数并提供了可能性。

目前主流的教育变革理论存在着两个相互关联的盲点：一是出于对当下
之可能性、唯一性的信仰，忽视或掩盖了时间和历史周期的问题；二是将对
经济以及外部背景中的变革的宏观审视，从属于对更为内在的、制度的各种
变革模式的信仰。

综上所述，由于变革一定要放在历史当中来审视，本书首先将关注特定

历史时期的变革①。本书将采用年鉴学派的方法论来理解社会和历史变革。年鉴学派（Annaliste School）把历史和社会学，在一个真正的意义上联系了起来。在英国，这种方法由已故的菲利普·亚伯拉罕（Philip Abrahams）和皮特·伯克（Peter Burke）在他的著作《历史与社会理论》（*History & Social Theory*）（1993）中提出。最近，《历史社会学研究》杂志也刊登了论述此类研究主题的文章。

历史学家和社会科学家继承了年鉴学派的观点，将变革视作三个层面——长时段的、中时段和短时段的变化，这三个层面以复杂的方式相互贯通。

历史变革的长波

年鉴学派学者们认为时间处于如海洋般的浪潮中。费弗尔（Febvre，1925）确信时间在社会研究中非常重要。他认为，历史"不仅只考虑人类的活动，还应考虑自然环境的持续影响"（p. 32）。

但正如我们所见的，根据持续时间的长短可以把变革分成几部分：一是短时段的变革，即年鉴学派学者所谓的事件（evenements），关注人们的日常生活，持续时间不长。第二个是中时段的变革，即他们所谓的局势（conjonctures）。此时的变化具有持续性，很难逆转，持续一段时间。最后是具有长期稳定性和持续性的变革，他们称之为长时段（longue duree），如宗教改革或第一次工业革命。

为探讨教育变革的长波，斯宾塞项目对个案学校的研究关注于局势层面。本书的理论基础不仅有年鉴学派的观点，还包括经济学和历史学的相关研究，尤其是康德拉捷夫（Kondratiev）的研究。康德拉捷夫于1920年在莫斯科建立了"局势研究所"（Institute of Conjuncture），并出版了一本专著，

---

① 本章之所以对历史时期的观念进行研究，是因为从资料来看，这些模式具有连贯性。同时，根据费舍尔对"阶段划分的谬误"的研究，这些资料忽视了对历史的解释（Fischer, 1970）。

对经济增长过程中的长波或"周期"进行了界定，提出了"局势周期"（major cycles of the conjuncture）的概念。（Kondratiev，1923，p. 524）

康德拉捷夫指出，在短期的经济繁荣之后存在景气与萧条相互交替的长期波动。弗里曼和卢卡（Freeman & Louçã，2001）对这一观点作了概括，见下图。

"上涨"的大致时间（繁荣）
"下降"（调整的危机）
18 世纪 80 年代—1815 年
1815—1848 年
1848—1873 年
1873—1895 年
1895—1918 年
1918—1940 年
1941—1973 年
1973—

（Freeman and Louçã，2001，p. 141）

总的来说，康德拉捷夫认为，经济发展中的长波一般要持续三四十年。这些长波在短时段的经济周期（即我们所熟悉的"增长"或"衰退"时期）的基础上形成。康德拉捷夫对长波（类似于年鉴学派所谓的中时段"局势"）的解释框架，聚焦于技术体系的生命周期。弗里曼和卢卡认为，技术体系的生命周期在各阶段的特征如下：

1. 实验室发明阶段，此时出现了早期原型、专利、小范围论证和早期应用；

2. 对该项技术在技术和商业上的可行性及推广应用的潜能进行论证；

3. 在经济出现结构性危机并引发相应的政治危机的混乱过程中，新技术发明暴增，新的规则体系得以建立；

4.（经济）持续高增长，同时该系统被人们普遍接纳，成为世界经济强国的主要技术体系，在更广泛的工业和服务业领域得到应用；

5. 在该技术体系逐渐走向成熟的过程中，（经济增长速度）放慢，利润减少，受到新技术的挑战，引发结构调整的危机；

6.（该技术体系）变得成熟，可能是因为其能有效地容纳更新的技术，使得经济产生一定程度的"复苏"效应，但仍存在逐渐消失的可能性。

（Freeman & Louçã，2001，p. 146）

介绍了这个阶段模型后，他们谈道：

我们试图说明，从阶段 2 至阶段 5，在经济和社会系统中有一种类似波浪的运动，自熊皮特（Schumpeter）之后，这个运动就被称作"康德拉捷夫长波"或"康德拉捷夫周期"。（同上，p. 146）

弗里曼和卢卡的研究对于检视教育变革的长波是非常重要的，这是因为，他们将技术和经济生活的周期与制度和社会的变化联系在一起。委内瑞拉经济学家卡洛塔·佩雷斯（Carlota Perez）发展了此观点，认为，每一个长波都有其特定的技术形态、一种最有效的组织生产的模式或范式。在上升时期，这个模型和社会制度的结构基本是协调的。但下降时期则相反，一个新的技术模式会阻碍既有社会制度系统的功能发挥。于是，在上升时期，就出现了吻合，而在下降时期，则是分裂。（Perez，1983；Young，1988）

对于教育变革而言，在吻合时期，新技术和经济制度是非常和谐的，此时投入学校的资源也是最多的。因此，当处于利润率不断增高的经济周期时，就可以为一直伴随并推动经济增长的社会制度结构提供资助。所以，在经济加速上升时期，如 20 世纪 60 年代晚期和 70 年代早期，学校教育经历了快速的变革。

经济和教育的关系是间接的，但不承认经济周期对教育模式影响的学者只是极少数。因此，一般来说，如果康德拉捷夫的观点正确的话，可以预见，在经济变革的长波后，必然跟随一个教育变革的长波。

教育变革的长波

目前最普遍的情况是，教育研究集中在对个体的事件和改革的研究上。之所以出现这种情况，是因为教育必然要根据当时当地的实际情况提供教育服务，这是可以理解的。因此，一般来说，教育研究只关心短时段的行为，是行动取向的。

斯宾塞项目是对教育变革进行长时段研究的好机会。我们收集了从1916年到2000年间很多学校的资料，并据此对学校变革进行了研究。这些资料主要有两个来源。一是尽可能收集每所学校记录历史发展的档案：课程和日程表的记录、学校年历、各种刊物、报告、教研室的记录等。最初我们很担心这些材料都已经破损了，但意外的是，很多材料保留了下来。这些材料是重组学校变革理论的巨大宝藏。除了文本资料，我们还对很多经历了学校发展的教师进行了完整的生活史访谈。此外，我们还通过参加学校的会议和教学，收集到很多被精心组织过的资料。

学校的选择涵盖了美国和加拿大的两个调查地点的所有中学类型。我们在美国调查的地点是位于纽约州一个中等工业城镇中的布拉德福德（Bradford）学区。布拉德福德的城市人口的变化与美国很多城市类似。在经历过白人向郊区转移的"白人逃逸"浪潮后，该城市中心居住着10个少数民族裔的贫困家庭，其中主要是黑人。该学区1985年的统计表明，五年内，当地贫困学生的比例由40%涨到了近70%。到1989年，62%的学生是黑人，18%是西班牙裔。实际上，造成该学区人口变化的部分原因在于1980年开始的"磁石学校"运动。"磁石学校"是美国联邦政府在20世纪70年代中期，为鼓励自动废止种族歧视而创办的学校类型。

在我们所选的学校中，巴雷特（Barrett）中学是一所"磁石学校"，该校创立于1989年，其前身是一所高中。我们还选取了杜兰特（Durant）中学来反映另类教育（alternative education）的传统。杜兰特中学创立于1971年，当时盛行"围墙内的学校"（schools within walls）的理念，杜兰特中学的目的就是为希望接受非主流高中教育的学生提供弹性的个性化课程。第三所是创立于20世纪50年代的谢尔顿（Sheldon）中学，它反映了之前提到的"白人逃逸"浪潮。谢尔顿中学曾经是综合高中的样板。但随着当地的贫困家庭越来越多，谢尔顿中学中来自少数民族裔家庭的学生数就如火箭升天般猛增，这所样板学校也就慢慢衰落了。可以说，我们在布拉德福德选取的三所学校，代表了20世纪后半叶该学区中等教育的主要发展状况。

　　我们第二个调查的地点是加拿大安大略省的安大略。20世纪90年代的后五年，纽约州的学校重组运动更加激烈，各种政府考试的引入改变了中学教育的面貌。类似的做法也发生在安大略。1995年，信奉市场原理的进步保守党政府（progressive conservative government）获胜后，在接下来的五年间通过的关于教育改革的法令比该省之前的总和都多。政府拨给学区的资金大幅缩减，由教育部设计的旨在加强课程集权的严格的课程和评价改革迅速推广。随着一套新的考试和评价体系的应用，学校不得不在学术和实践的路线间做出选择。我们选择的四所学校涵盖了这个历史阶段中学教育的所有类型。东区（Eastside）中学位于安大略西部的一个中等城市，建于20世纪早期，是一所典型的技术学校。该校始终坚持创新，其课程包括了从艺术到计算机的广泛知识领域。该校所处的地区是劳工阶级居住的下城区。拜伦勋爵（Lord Byron）中学位于大城市，是加拿大20世纪60年代最具改革精神的学校之一，像杜兰特中学一样关注进步主义的、个性化的方法和课程。第三所学校是位于城市郊区的塔里斯曼·帕克（Talisman Park）中学，这是一所非常传统的学术高中，文化移民给该校的学生群体带来了丰富的多样性。斯图尔特高地（Stewart Heights）也通过把以中产阶级子弟为主的学校建在一个类似村庄的地方来拓宽自己的文化根基。蓝山（Blue Mountain）中学是一所技术示范学校，建于1992年，它作为一个革新性的学习型组织，走在同类学校的发展的最前列。

　　通过分析每所学校的历史档案、进行实地考察并实施我们雄心勃勃的访谈计划，我们对每所学校的描述向读者展示了一幅宏大的历史画卷。此前，尽管每所学校都有各自的报告，但由于其作者着重记录的是各校在各阶段的组织变化及内在特征，而破坏了画卷的连续性。

　　尽管确信历史的观点有助于我们论证问题，但我们有意不去设定某一种特定的历史假设。我们的关注点是人种志的和互动的，又因为本研究聚焦的是长期的变革，而历史的模式只有从不同学者对同一学校所作的系列研究中才会浮现出来，因此我们认为，如果从不同学者的研究中都可以看到一种吻合的现象，那么就真的可以构建一种模式。每所学校的历史变化见表1。

　　表1表明，有五所学校在1967年到1979年间即处于吻合状态，而所有的学校在20世纪90年代后期都表现出吻合状态。在第二个吻合期，蓝山中学和巴雷特中学的情况有些特别：蓝山中学始建于1992年，而巴雷特中学在1980年成为"磁石学校"之后即遭遇此种浪潮。

　　1967—1979年间吻合状态的特征（见表2）在全部案例学校中都有所体现，即便这些学校是不同类型的，有不同的服务对象和目标，地处不同的地区和国家。可以认为，在这一时期，西方国家对学校教育是经济全面增长的组成部分的看法发生了变化。英国、欧洲大陆、澳大利亚和新西兰的相关研究都发现，在这个历史阶段，学校都呈现出类似的特征。

　　在加拿大的案例学校中，在经济活跃期的60年代中期，可以清楚地看到一种与教育政策制定者的不断变化的舆论环境的明显联系。同时期的美国，林登·约翰逊（Lyndon Johnson）正忙于为"伟大的社会"奠定基础，实施以"幼儿早年教育计划"（Project Head Start）为代表的大范围的全纳教育政策。

　　1968年6月，加拿大安大略学校教育目标委员会（即霍尔－丹尼斯委员会，Hall-Dennis Committee）公布了一份报告，建议对该省学校系统进行整体改革，建立"以学生为中心的学程，通过个体探究激发学习兴趣"。（Hall-

表 1 历史变化

1916—1999

学校	1916/1920	1955—1959	1960—1964	1965—1969	1970—1974	1975—1979	1980—1984	1985—1989	1990—1994	1995—1999
谢尔顿中学		当地名校	当地名校	当地名校	保持自身特色	保持自身特色	衰落	衰落	麻烦时期	麻烦时期
巴雷特中学					变成高中	变成高中	辉煌时期	辉煌时期	竞争不断激烈	竞争不断激烈
杜兰特中学				新教育时期	新教育时期	新教育时期	高压下的紧张时期	新的开始/结束	新的开始/结束	为生存而挣扎
东区中学				规则放宽：形成一个新体制	规则放宽：形成一个新体制	规则放宽：形成一个新体制	示范学校	示范学校	持续的变革	持续的变革
塔里斯曼中学		创立时期	创立时期	充满乐观主义和革新精神	充满乐观主义和革新精神	不安全和不确定时期	不安全和不确定时期	不安全和不确定时期	挣扎着维系下去	紧缩/不协调
拜伦爵中学		早期发展	创立时期	充满创造性/实验性	充满创造性/实验性	过度狂热时期	过度狂热时期	挣扎着维系下去		创造力消失了
蓝山中学								创立时期	创立时期	磨损时期 / Surviving

表 2　吻合状态

1916—1999

学校	1916|1920	1955—1959	1960—1964	1965—1969	1970—1974	1975—1979	1980—1984	1985—1989	1990—1994	1995—1999
谢尔顿中学		当地名校								
杜兰特中学					新教育时期					
东区中学				规则放宽：形成一个新体制						
塔利斯曼中学				充满乐观主义和革新精神						
蓝山中学				充满创造性/实验性						

Dennis Committee，1968，p. 179）。以 20 世纪安大略省学校发展的标准历史的观点看来，"生活"（Living）和"学习"（Learning）是"出自该省教育部门复杂的官僚衙门的有史以来最激进和大胆的字眼"。（Stamp，1982，p. 217）。

霍尔－丹尼斯委员会的报告为东区中学的课程改革提供了有利环境。教师因此而获得自由和权力，致力于尝试新课程和新教学法，尽管他们中的大多数与委员会的建议并没有直接的关系。一位教师回忆说：

当我到那儿的时候，正好在进行着很多实验。霍尔－丹尼斯项目刚刚开始。当时的情况非常有趣，因为我想人们并不真的知道霍尔－丹尼斯项目是怎样的。因此，每个人都试着找到有效的方法。（访谈材料，1993 年 5 月 2 日）

不同寻常的是，这种情况在学术科目中尤为突出，比如一个典型的时间紧凑型项目，让一个班的学生制作电影，在城市的街道上重新排演《逍遥骑士》（Easy Rider）。（访谈材料，1993 年 5 月 2 日）

1969 年春天，学分制改革开始实施，所有高中必须在 1972 年 9 月前完成学分制改革。这可能是霍尔·丹尼斯项目最重要的一个直接成果。学分制不仅应用于学术科目，还首次应用于职业科目中，这标志着安大略在科目提升方法方面的转变。根据新的规则，学生至少需要修满 27 个学分（每个学分相当于 110—120 个课时），才能在十二年级毕业时获得毕业证书。在这 27 个学分中，12 个学分指定了特定的领域（其中，学生们仍有一定选择权），剩下 15 个学分全是选修课的（Gilbert，1972，pp. 10 - 11，pp. 54 - 59）。在电脑排课的帮助下，学分制给了学生管理自身中学生活一定的自由。学分制的支持者认为，这种方法尝试给予教师在课程设计上更大的自主权，并通过学生对科目的选择，让学生也对课程的发展做出贡献（Stamp，1982，pp. 220 - 222）。

我们所有的案例学校都受到了霍尔－丹尼斯报告精神的影响。在拜伦勋爵中学，学校运营的基本理念强调了该政策的进步主义意图，与此同时，塔里斯曼·帕克中学进入了一个新的革新时期，而东区中学的规章和制度也发生了戏剧性的变化。

新方法给东区中学带来的变化主要体现在学校理念上。例如，它标志着课间整班一起换教室的做法的结束。在学术性科目方面，它使得教师可以精心设计每堂课的内容，以满足学生实际的兴趣。在新的体制下，通过选修各种不同的课程，每个班级都成了以前老师所说的"奇怪的混合体"了。（访谈材料，1994 年 1 月）

学分制也结束了在高中层次上的特定技术领域课程内容的中央集权状态。在旧的体制下，技术学校的学生必须要选择一个核心专业，辅以严格限定的相关领域，这一设计其实是直接指向就业的。但现在，学生们倾向于选择很多不同类型的科目。正如一位教师说的："它①弄乱了一个体制，这个体制在我看来，过去运转得还是很不错的，但现在它彻底摧毁了这个体制。"（访谈材料，1994 年 10 月）

与此同时，教育大臣在教师联盟的影响下加强了对教师资格的审核。突然间，学校只能在完全没有一个认证合格的教师来应聘的情况下，才被允许雇用没有资格的教师。就算有很多称职的教师来应聘，教研室主任也失去了挑选的权力，他们不得不只录用有资格证书且在理事会名单上的人。（访谈材料，1995 年 1 月）

这些新规则的影响被后来的一系列做法放大了。在东区中学，很多老教师被年轻教师所取代，而那些老教师们则去了新的学校。1960 年《联邦技术与职业培训援助法案》（Federal Technical and Vocational Training Assistance Act）的颁布推动了中学建设，安大略省新建了 335 所高中，并资助了 83 项扩建计划。根据该法案的要求，所有新增学校和新增部门都要体现职业教育的特点（Stamp，1982，pp. 203 – 204）。就业市场需要大量从事职业教育的教师，政府的体制也为这些教师的职业晋升敞开大门，因此，很多年轻的新

---

① 即学分制。——译注

教师流向了职业教育系统。

而东区中学部分经验丰富的教师则转到了行政岗位。20 世纪 60 年代，该市教育委员会发展迅速，在这一情况下，需要更多的人从事督学工作。与此同时，由于认为一个人在一个位置上待得太久容易产生偏见，因此一些条件平庸的人走上高级行政管理岗位也被大家普遍接受了。对于期望成为督学的人来说，奔波于不同的学校是一个很好的职业选择。（访谈材料，1995 年 1 月）

最后，还有一些东区中学的教师辞掉了教育委员会的工作去了两个新建的市立机构。一个是该市新建的教师培训机构，以培养新一代技术、商业和学术性课程的教师；另一个是附近的职业中心，针对东区中学教授的许多科目，提供中学后教育（post-secondary education）。

随着年轻的新教师的到来，另一个现象在此时也发展到了顶峰。这一现象有很多不同的名字，比如青年反叛。60 年代后期，"东区中学有很多嬉皮士。我是说，如果你不留披肩发，你就是另类。当时就流行那种类型"。（访谈材料，1994 年 2 月）当时男生留长发和胡须，女生烫卷发、穿迷你裙，成了约定俗成的规定。新的青年文化重感觉、轻思想，使用各种方法来增强情绪体验，包括使用毒品。学校里大麻和迷幻药的使用也变得普遍，"在一楼，你可以闻到大麻渣子的味道……似乎没人担忧这种情况，老师们也不去阻止。"（访谈材料，1994 年 2 月）

学生们也开始喝酒。将禁酒年龄降至 18 岁的规定（1971 年夏）使这一现象更加普遍。午餐和下午的饮酒时间成了学生文化中的一种习俗。

不仅穿着和休闲习惯变了，这还是一个物质和精神都发生巨大变化的时代。学生对学校基本规则的挑战，反映了当时西方社会青年文化对 30 岁以上成人霸权的反抗。在安大略省的中学，这场声势浩大的运动在 1968 年年末 1969 年年初达到巅峰，标志性事件是多伦多一所高中的学生在校内进行了为期三周的静坐，以抗议学校校历中规定的学年结束日期（Stamp，1982，pp. 225 – 228）。

东区中学的学生报纸《词语》（The Word）反映了这场青年运动激进的

一面。例如，1969 年 5 月 28 日的《词语》头版即登了一张讽刺漫画，其中将学校画作一台最新式的"拷问机器"，上面还标注了这样一句话："如果不能揍学生就宰了他。"该期里有一篇社论，号召学生群体大声抗议任何察觉到的不公平。它写道，最近的抗议说明"如果进一步推动，会让教育部门知道，并不只有大学能制造麻烦"。这份报纸还用整个版面连载了一篇名为《革命是这样进行的》的科幻漫画。在这个故事中，主人公是一个名为亚历克斯的城市革命家，他杀死了一个邪恶的"思想警察"，在城市贫民窟中过着逃亡生活。（The Word，1969）。

这种态度在学校内部也以一种更少戏剧性却更有效的方式进行着。学生在决定自身的学校教育经验的微观结构中扮演着积极的角色。他们试图改变课程和教法。正如一位教师所说，"他们在试验，试验，总在试验"。（访谈材料，1995 年 1 月）

与东区中学一样，拜伦勋爵中学自 1970 年建立后即遵循霍尔 - 丹尼斯报告的精神，进行了一系列革新。第一个五年（截至 1975 年）是"创造力和实验"的时期，学校雇用了很多有实验精神的年轻教师。一位曾经在该校工作过的教师回忆说："尽管并非每个人都如此，但大部分教师都很年轻，并且单身。很多人刚开始从事教师工作，不仅带着青春的激情和理想主义，还带着一种特殊的观念，因为他们都是从 60 年代的大学中走出来的。这个时期因为我们的作为而变得意义非凡。"

作为当时处于变革局势的证明，"这个时期因为我们的作为而变得意义非凡"的说法证实了人们对那个时代特殊性的认识。在某些意义上，和东区中学的情况一样，当时丰富多元的文化和社会风气遍布学校。"这就是 60 年代的嬉皮士学生（flower children①）。学校董事会想方设法筹钱，为他们提供了美丽的校园，筛选出尖子中的尖子进入其中。他们是自由的游客、自由的思想者。他们被称为嬉皮士学生，其中有些人终生都是。"

在一群年轻又具有理想主义的教师协助下，拜伦勋爵校第一任校长沃

---

① flower children：六七十年代西方出现的主张和平、爱情的佩花嬉皮士。——译注

德·邦德（Ward Bond）得以在学校组织内部进行实验，以实现霍尔－丹尼斯报告提出的目标。当然，这些目标也有一定的灵活性。为满足学生多样化的需求，邦德很好地利用了这个灵活性，改变了利用时间和空间的传统方式，创建了他理想中的学校组织。

在时间规划方面，他把一学年分成不同学期，每学期要修满 32 个学分，每堂课持续一个小时。每个学生都有个人化的日程表，但必须完成一年修完 8 个科目（即一学期 4 个科目）的要求。在空间规划方面，邦德依照"开放计划"的理念，以资源中心为核心，建立了一个宽敞、舒适的教工办公室。邦德的改革措施还包括：引进多样化的师资，增加指导资源来帮助学生决策，减少正式领导的数目（与其他高中相比），雇用社区关系协调员，成立跨学科部门。这些做法在其他很多教育学者和社区代表看来，都不符合"正统学校"的"结构"。

然而，对于拜伦勋爵中学来说，这些都是吻合时期所带来的真实变化，很多既有的规则和教学实践受到挑战、被质疑和被取代了。

与之前和之后的时期相比，这时期教育的主要特征在于教师对自己工作使命的看法。此时教师不再只把自身的工作看作赚钱的普通工作，而认为教师带着启蒙的使命，教师的工作超越了日常的学校生活。"最初的几年是令人振奋的，教师有很多献身精神，选择当教师的人相信他们正在为人类的福祉工作，'不仅是一份工作，还是一种使命'。"

伴随这种观念而产生的对工作的投入与奉献，在很多方面影响了教师工作与生活的平衡。革新和变革的吻合对教师提出了很多要求，把教师职业视作一项神圣的使命，则要求长时间地工作。当时对学校教师的评价，反映了把教学作为一项使命的观念所带来的沉重的工作负担。正如教师们所说："我长时间地工作，很少见到家人。""在那种类似高压锅的情境中建立起来的关系很难向外人说清楚，你为教学投入了很多精力和时间，此外几乎没有任何业余时间。"

塔里斯曼·帕克中学与拜伦勋爵中学不同，但与东区中学类似，其历史可以追溯到 20 世纪早期。它于 1920 年诞生于多伦多城外的一个小小的农村社区，即科勒兰丁（Kohler's Landing）社区。塔里斯曼·帕克中学从建立之初即确立了其作为一所严格的学术性学院的基本准则，并将该准则贯穿其发展过程的始终。塔里斯曼·帕克中学致力于推行学科本位的教学模式，从而为60年代的变革确立了坚固的基础。1967年到1974年是塔里斯曼·帕克中学充满希望和乐观主义的时期，年轻教师通力合作，改革课程政策，进行人性化管理，师生的创造性得到了极大的发挥。

大量刚刚开始职业生涯的新教师的到来，也给塔里斯曼·帕克中学带来了一种变革的氛围。这些教师在描述这一时期时，把它称作教育上的"巨大变化"。他们形容当时的塔里斯曼·帕克中学在教法上是"创新的"，在专业上是"具有挑战性的"，在个人层面是"使人兴奋的"。新教师的加入所带来的变化的革新意义，是建立在充分的经济基础和对社会进步及社会公正的信念基础上的。这是塔里斯曼·帕克中学历史上对教育充满乐观主义、活力和信念的时期，教师都乐于从事教师职业并引以为豪，相信能借此实现自己的人生规划和使命。他们的理想主义、活力和精力，都渗透到了该校的学校文化中。

这些教师都希望能对年轻人的生活产生影响，将公共教育制度看作帮助社会和经济弱势群体的"巨大校平器"（huge leveler）和"解放者"。一位教师谈到他当时的感受时说：

学校教育的一个伟大目标就在于构建社区和一些共同经验，所以这是一种文化体验……我们所说的社区，在一定程度上类似于文化社区，在不同的层面上使用同样的语言。所谓语言并不是指英语，而是我们共享的历史、传统、文化和规范。社会的价值通过教育系统得以传递，所以这也是一种集体体验。

与年轻教师和具有革新精神的新员工一道，学校管理者也致力于专业技能的培养和开发。罗文（Rowan）是塔里斯曼·帕克中学处于充满希望和乐观主义时期的校长，他和教师的关系非常亲密，以至于当他1974年离开时，一些忠心耿耿的教师也跟随他离开去创办了另一所新学校。罗文离开后，塔里斯曼·帕克中学的管理改变了方向。罗文的领导方式具有理想主义的色彩，他赋权给新教师并与他们共同管理。而继任校长阿内斯（Arness）的领导方式则完全与之相反，他推行正式的、由上而下的、家长式的控制，塔里斯曼·帕克中学教师的使命感、士气和乐观主义一天比一天低。

两任校长间的分歧，在吻合时期的末期画下了非常清晰的分界线。塔里斯曼·帕克中学师生创造性空前爆发的局面结束了，一个把标准化推向顶峰的新时代和提早退休的浪潮开始登场。

20 世纪 60 年代对于美国来说是动乱的十年，既有的传统和规范受到质疑和挑战。此时正是林登·约翰逊总统宣称要建立一个包容各个种族和社会阶层、消除社会不公、实现社会公正的"伟大社会"的时期。泰益克和托宾对此有精辟的概括：

60 年代是革新的年代，叛逆者质疑教育中的传统智慧，改革者对时间、学科科目、空间和班级规模进行重新思考。他们相信，既然制度是人为创造的，因此，当这些制度不再为人类目标服务时，就应该对其进行改造。特别是，他们认为，旧的学校教育的结构是僵化的、分等级的，建立在对人性的消极看法之上。旧的学校系统将学生视作年轻的工人，必须在监督人，即教师的监督下强制性地学习，学生学习的教室规模、时间、空间和科目也需要标准化。取而代之的观点是，将年轻人看做一种积极的、对智力活动感到好奇、能为自己的学习负责的人。如果从这个角度来看问题，既有的学校教育逻辑很难说是"有效的"。（Goodman, 1964；Silberman, 1970）

在对尼采"人生而自由但无处不在限制之中"的观点进行改造后，一些激进的改革者完全拒绝公立学校的制度形式，而提倡用"自由学校"和"没有围墙的学校"来替代传统的教室、预设的课程和传统的教师角色。（Tyack & Tobin, 1994, p. 471）

60 年代，很多信奉自由主义的组织和团体，试图改变孤立的教室、背诵式的教学以及学生被动式的学习。他们主张学生变成主动的学习者，与教师合作并协助教师。教师通常分成小组，以小组为单位实施开放计划。这些计划是建立在洛依德·特朗普（Lloyd Trump）关于"未来世界的画卷"蓝图之上的。（Lloyd Trump，1959）

　　布拉德福德是一个中等规模的工业城市，位于美国东北部。与北美其他地区一样，布拉德福德也见证了60年代旨在扩大对社会阶级和种族包容度的新社会政策改革，当时种族结构的变化非常剧烈。布拉德福德学区的记录显示，"少数民族"学生的比例为：1966年10.4%，1968年14%，1969年23.7%。到了1989年，该学区的学生总数中62%是黑人，18%是西班牙裔。社会阶级的结构反映了城市中心贫困人口的增长。到1985年，该学区有40%的学生生活在贫困之中。

　　布拉德福德于60年代进行了一系列教育改革。1969年，利文斯通（Livingston）高中的一小部分教师聚在一起，开始讨论传统学校教育结构在教学方面的弊端。这些教师见证了利文斯通高中的暴力骚乱，认为很多问题都可归因于孤立的教师与教室，而这是学校教育传统结构所特有的问题。受新学校运动领袖伊凡·伊里奇（Ivan Illich）和约翰·霍尔特（John Holt）的启发，这些教师决心打破教室内的人为隔膜，创设新的学习模式和环境，并通过让学生在真实生活情境（如社区）中学习感兴趣的主题，或让学生与教职员工一起决定学校发展和运行的方式，让学生成为独立的学习者。

　　因此，1971年1月，创办新学校，即杜兰特中学的计划被提交到了布拉德福德教育委员会。委员会对此计划进行了投票，并任命该计划的提倡者、利文斯通高中具有领袖气质的优秀教师戴维·亨利（David Henry）担任校长。当时亨利的所有员工只有十个，全都是年轻而富有改革精神、富有激情的实验者和先行者。事实上，这些教师都只有二三十岁。这是一所"没有围墙"的学校，由亨利和秘书的一间办公室、几间房间，以及一个由仓库改造的、供全体师生集会的会议室组成。班级并不按照年级来组织，城市中的任何地方都可以成为教室。例如，"建筑学"就由地方建筑师在他的办公室，"教育设计"由布拉德福德学校的助理主管在他的办公室，"商业剖析"由当地公司的副总裁在他的办公室来上课。教师可以选择任何可能的地方上课，教堂地下室、社区中心、学生之家，甚至他们自己家里都行。他们还经常带着学生去不同的地方，以适应不同的主题。

为适应这种在真实生活场景中教学的城市教育模式，每一位教师都要与学生讨论课程主题并提供指导，通常一周四次，在早上进行。在第五个早上，全体师生在"仓库"中集合，召开全校大会，讨论学校政策并按照"每人一票"的原则投票。

这些早期的实验持续了一年。1973 年 9 月，杜兰特中学搬到了一栋正式的教学楼中，所有的教师都有了教室。但是，通过接触社区培养独立的学习者的目标得到了最大限度的保留：教师鼓励学生选修当地大学课程，在教师督导下开展独立研究，并与社区互动。从这个意义上看，这所学校在很多方面是"没有围墙"的。该校在 70 年代推行了更多原创性改革。70 年代是稳定的时期，戴维·亨利一直在教职工会议和学校讨论中强调学校目标的独特性，把杜兰特的使命渗透到了该校的日常学校生活中。

谢尔顿中学 1959 年搬到了新校址。在享受着作为学区"皇冠上的宝石"荣耀时，它当然不会同杜兰特中学一样挑战学校教育的结构，因为谢尔顿中学是一所为邻近地区服务的本地学校，与当地有着很强的依附关系——如果住在某个社区，就会去当地的高中上学。这种依附关系有利于培养学校师生对学校的自豪感。据一位教师说："如果你愿意，依附关系培养了对学校的感情。你看，'我上的是那所学校，我爸爸上的也是那所学校'。很多家庭的孩子上的是谢尔顿中学，父母上的也是谢尔顿中学。这样很好，有一种感觉，自豪的感觉。"作为一所新创立的硬件条件优越的综合中学，谢尔顿中学是当地最好的学校。另一位教师回忆，他曾在 60 年代晚期在布拉德福德城市学校学区面试，该市的英语教学主任告诉他"去谢尔顿，那是最好的！"谢尔顿中学以在学业考试方面成绩突出而闻名，之后一直在这方面拥有声望。

新教学楼，以及为了适应新环境而开发的新活动和课程，使谢尔顿中学有了焕然一新的感觉，即使它的学术性课程比杜兰特中学更传统。两所学校的创新和变革都在 70 年代开始衰退，首先是谢尔顿中学爆发了种族斗争，接着杜兰特中学于 1981 年被重新指定为"磁石学校"。在这两个例子中，布拉德福德学校教育的布局以及整体政策的宏观变化，改变了这两所学校所肩负的使命。

在上述案例中，特别是杜兰特中学开始回归更传统的学校，在生源和教育目标方面，较少受到外部的控制。泰益克和托宾在说明六七十年代后期针对传统学校的新教育运动意义的文章中写道："对学校教育结构的大胆但却脆弱的挑战，即 60 年代末 70 年代初的叛乱，被平息了。关于弹性学制的政策讨论在提出之后，很快就销声匿迹了。这些实验在很多地方留下了一些新的灵活性，但传统的制度模式仍是主流。"（Tyack & Tobin，1994，pp. 475 - 476）

对六七十年代学校的案例研究显示，学校教育对这一时期经济局势的反应是复杂的。塔里斯曼和谢尔顿等学校进行了改革和创新，并有了新的年轻教师队伍或新教学楼，但这些改革局限于既有的学校教育结构，强调学术性科目、教师的创造性和分层管理。这样的学校还有一些，如杜兰特、拜伦勋爵和东区中学，它们一直在尝试变革。杜兰特和拜伦勋爵中学是"从头到脚"（root and branch）的模式，几乎对从教室到学校管理的方方面面都进行了彻底的革新。东区中学的变化反映了人口结构及青年文化的变化，但对既有的学校结构也一直在妥协。

六七十年代的局势为所有学校都提供了增长、创新和变革的机会。一些学校走得更远，试图对学校教育的模式以及为之提供基础的社会和种族再生产模式进行真正的革命性变革。

在一些方面，这些例子为六七十年代的局势提供了注脚：为学校改革投入巨大努力，推倒围墙，把学科与生活联系起来，积极的学习以及促进教师成长，这些措施随着 1973 年石油危机后的经济衰退而消失。此后，对社会项目的资助少了，也不再有新的教学楼和改革。当经济紧缩和合并开始的时候，"二战"后婴儿潮期间出生的孩子已经从学校步入社会，而学校的教职员工自身开始"变老"。70 年代末至 90 年代初，我们在一些学校遭遇到了一种回归与衰败的空白期，如"高压下的紧张时期"（杜兰特）、"衰落"（谢尔顿）、"不安全、不确定"（塔里斯曼）。而另一些学校则是合并和改善，如"辉煌时期"（巴雷特）和"示范学校"（东区中学）。但是，所有案例中，伴随着一种更具活力的分层和标准化的新模式，一个更为传统的学校教育逻辑重新展现出来。90年代初开始出现了这一新的局势。

用艾瑞克·霍布斯鲍姆（Eric Hobsbawm）的话说，六七十年代的局势是社会公正和社会包容的"黄金时期"。（Hobsbawm，1994）冷战时期，为了证明自己可以比共产主义阵营的国家提供更多的社会和政治机会，西方国家奉行社会福利和全纳政策。而到了1989年，随着社会主义阵营的解体，这一切突然改变了。从那以后，"自由市场"的颂歌变成了胜利者的口号，公立教育系统根据新的商业原则和程序进行重建，并成为"变革力量"的动力。因此，1989年后，中央和省级政府都通过了课程控制的政策，详细地规定了课程内容、学习的目标与标准、教师辅导和评价的程序。这种标准化改革变成一场"国际运动"，得到了全球化自由市场众多同盟国的积极推动。

从80年代晚期开始，特别是在西方先进国家，一场新的"国际运动"，即强调标准本位的改革开始推广。新的改革强调标准化的测验和大纲，中央规定了新的课程，并制定了详细的目标、责任和评价程序。

就政治方面而言，这场改革旨在满足选民对教育标准及公立教育的广泛需求。政治家和官员看上去只是对此作出反应，尽管很多改革都急于推行并迅速出台，它们还是很快推广开了。

如表3所示，90年代中期，这些改革及随之而来的学校分层的变革模式已经对所有案例学校产生了影响。这个新的局势始于90年代中期，并在本研究进行时"达到高潮"。因此，关于这些局势的任何发现在本质上都是尝试性和暂时性的。

英国的案例学校也出现了和布拉德福德一样的人口流动状况。如前所述，贫困人口向布拉德福德市区中心云集，到1989年，人口总数的62%是黑人，18%是西班牙裔。

表 3　推测的吻合期

1916—1999

	1916|1920	1955—1959 55 56 57 58 59	1960—1964 60 61 62 63 64	1965—1969 65 66 67 68 69	1970—1974 70 71 72 73 74	1975—1979 75 76 77 78 79	1980—1984 80 81 82 83 84	1985—1989 85 86 87 88 89	1990—1994 90 91 92 93 94	1995—1999 95 96 97 98 99
谢尔顿中学								麻烦时期		
巴雷特中学								竞争不断激烈		
杜兰特中学									为生存而挣扎	
东区中学								持续的变革		
塔里斯曼中学										紧缩/不协调
拜伦勋爵中学										创造力消失了
蓝山中学										Surviving 磨损时期

部分出于应对这种人口结构变化的考虑，布拉德福德学区于 1981 年开始创办 "磁石学校"。联邦政府早在 80 年代中期前就开始建立 "磁石学校"，以消除种族歧视。在信奉市场原旨主义的政府领导下，从 1980 年里根执政开始，一直到老布什、克林顿和小布什时期，"磁石学校" 通过提供 "社会选择" 推动了市场竞争。

巴雷特中学于 1980 年变成 "磁石学校"，结果吸引了丰富的资源、高素质的教师和积极主动的学生。而谢尔顿中学的情况则完全相反，表现好的人到 "磁石学校" 去了，贫困人口越来越集中，2000 年 70% 的学生生活在贫困中。杜兰特中学的学生群体也开始变化，变得更加多样化，班级规模越来越大，威胁到该校业已发展起来的 "新" 教育形式。

但是，如果说 1981 年后学校教育布局的迅速变化只是前述 90 年代中期新局势的一部分，那么主要的催化剂就是标准本位改革的实施。正如我们所见，这场运动出现于 80 年代晚期，是逐渐成形的、以新方式改变学校教育的世界运动的一部分。布拉德福德学区委员会不得不对新的国家改革作出回应。80 年代晚期，国家政府或州政府将由它委托管理的能力测试科目从三门扩展为五门，1990 年变成六门。1990 年，州政府还针对 1991 年入学的学生，把毕业要求的学分由 1986 年规定的 20.5 个增加到 23.5 个。

1995 年后的一个时期，依托国家标准本位改革，教育管理部门推出了一种新的考试制度。学生必须在指定科目标准化考试中及格才能毕业。在布拉德福德，1998 年升入九年级的学生必须通过五门考试科目中的四门，且总分不低于 55 分，才能毕业。一年后，毕业标准提高到必须通过全部五门科目的考试。对于 2000 年升入九年级的学生来说，毕业标准提高到三门科目总分须达到 65 分，2001 年这一标准变为全部五门科目。这是真正的 "高压力" 评估，因为国家会根据学生考试成绩对学校和学区进行排名，并公布排名结果。

谢尔顿中学的 "衰落" 始于 1980 年。随着中学改组和新 "磁石" 项目实施，谢尔顿变成安置不能进入 "磁石学校" 的学生的 "垃圾场"，所以它的 "学校精神" 和学生群体都发生了变化。教师和学生并非自愿来到谢尔顿中学，他们对谢尔顿缺乏自豪感，学业成就也就更差。

到了 1994 年，在推行标准本位改革时，由于学生学业上的失败和高辍学率，督学维嘉（Vega）很认真地考虑要把谢尔顿中学作为"帮扶学校"（priority school）来建设。90 年代末，谢尔顿被政府列入需要"改进"的名单中。一位教师评论说："我们过去有一些确实非常聪明的小孩来上学，所以我们有一些优秀的学生。但现在不同了。"这位教师将学生学术能力的变化归结为"弱智化"的课程，而更深的原因则在于新的高标准测验以及"磁石学校"把本学区的好生源都抢走了。一位谢尔顿教师这样总结标准化测验对学校的影响："非常强调学生应涉及的材料的数量，但你真正能做的只是表面工作，这是一个质量和数量的关系问题。"另一位教师评论说："在变革时期……我们不再有真正强大的内心……真正表现优异的高素质学生。现在我得说 75% 的学生学习上都有困难。"（谢尔顿中学报告）

新的标准和考试制度，实际上用新的学术上的"种族隔离"强调了种族隔离的居住模式，所有不平等模式因而负载在新学校教育制度上。曾被誉为"皇冠上的宝石"、面向全体学生的综合高中，变成了安置社会处境不利的学生的"垃圾场"，这一变化是建立在一套关于种种标准之修辞和言说之上的，并始终伴随着这些修辞和言说。

杜兰特中学"试图发展传统模式以外的新教育实践"，却未能成功地为弱势群体提供教育，也未能揭开标准化改革的面具。因此，如果说谢尔顿中学正面临局势的最"麻烦的时期"，杜兰特中学则是在"为生存而挣扎"。存亡之争的焦点集中于是否捍卫学校作为一个以学习者为中心的环境。新的考试制度要求严格遵守国家对五个学科领域的课程及内容规定的标准，使得学校没有可能成为一个在政策上以学生为中心，在方法上强调研究型学习、多学科学习的空间。

学生必须通过国家考试才能毕业的规定，意味着学生本位的课程不得不被为外部强加的考试做准备的课程所取代。杜兰特的教师夹在中间，必须在捍卫学生中心的信条，还是满足学生通过国家科目测试的要求间做出选择。

一位教师认为，高压力的国家测试还影响了他的专业身份：

是的，（国家测试）来了，我觉得很可惜，专业自主权和开发高标准课程的能力都被抛到了一边，取而代之的是些虚假的东西，它破坏了教学的创造性，现在你只是为考试而教。……我正在做的事情与我的信念背道而驰……

另一位教师也讲述了国家测试对他专业身份的影响：

事实是，它夺走了我作为教师所拥有的专业判断和自主权。我是在很好的大学获得学士和硕士学位的，在我原来的高中实习时也是一个很优秀的教师。我花了好多年学习怎样教学，思考孩子为什么要学习和怎样学习，以及为此我能做些什么。可是突然间，政府说不，这些没有任何意义，这一切都没有意义。我们会告诉你怎么教书。尽管他们可能会否认，但实质上他们就是在教我们怎样教书。他们正在教我们教书，而且他们告诉我们结果必须是怎样的。依我所见，如果这样可行的话，那直接播放能这么教的教师的教学录像就好了。（可这样不行，因为）它忽视了学生的情况。

另一位教师回应了如下颇具感情色彩的话：

我们试着同时做两件事，一是让学生合格毕业，二是尽可能地帮助所有孩子为参加（国家考试）做好一切准备。这简直要了我们的命。工作负担太重，实在太折磨人了。而且这样也很难让孩子按照自己的喜好使用学校资源，就像学校过去的办学目标所追求的那样，去学习他们感兴趣的东西。他们花太多时间在其他事情上了。

谢尔顿中学的困难时期和杜兰特中学的生存之争，向我们展示了标准本位和标准化改革是如何给我们所研究的学校招致一个新的艰难局面的。这两所学校中，教师的使命感及对教育工作之意义的认识严重衰竭，破坏了教师的士气和积极性。身陷新的局面，教师的心思不再在学校工作上，意义使命的追求也转移到了其他地方，最一般地讲，就是转移到了私人领域。正如一位教师谈到他的退缩时所说："我无法处理与体制的关系，它已经完全将我撕裂，而且我也已厌倦了与之抗争。"

在布拉德福德，教师理想的幻灭可被看作应对不断增强的人口变化的反应。六七十年代吻合期年轻、有活力、富有创新精神的教师队伍，如今正在老化，有1/3的教师预计五年内退休。学校领导层也发生了类似的变化。六七十年代有个人魅力的、英雄式的校长，到了90年代晚期，就变成了在一个个岗位间频繁换位流动的"没个性的管理者"。

1995年，进步保守党政府在选举中获胜，标志着安大略变革新局面的到来。而他们的各种政策表明，这一政府实际上是非常保守和落后的。坦白地说，这个政府应该改名叫"倒退"的保守政府，因为他们在执政期间大幅缩减教育开支，推行新课程和评估体制改革。基德尼（Gidney）认为，他们在1995年后的五年，实施了安大略历史上范围最广、时间最长的改革，1995年至2000年期间安大略省通过的教育法令比之前法令的总和都多。（Gidney，1999）基德尼对历史发展的看法提醒我们注意到哈里斯政府所具有的时代意义，其做法就是变革局势的明显证明：由中央政府集中规划的新课程和评估体制改革，建立新的考试制度，引入汇报卡和将电脑应用于各种汇报制度。

作为对这种种改革的电闪雷鸣的回应，涌现了一场规模空前的教师提前退休的浪潮。教师普遍意志消沉，教师队伍的结构变化事实上也加剧了提前退休的趋势。上了年纪的教师，对他们职业生涯晚期遇到的这场秋风扫落叶般改革的第一反应就是离开学校，以避免忍受如此激烈的专业巨变。这并非只是任课教师的情况，校长的情况也相差无几。许多校长也选择了提前退休，其结果又导致了学校的不稳定。为了应对这种状况，学区实施了在学校之间轮换校长的政策。

面对这一变革的场面，标准本位改革对安大略案例学校的影响与布拉德福德的情况非常类似，都导致了学校财政缩减、教职员工意志消沉、学校绩效下降。拜伦勋爵中学的经历，最能体现六七十年代我们所说的那场早期局势与 1995 年后这场局势间的不连续性。一位拜伦勋爵中学教师认为，1995年后"创造力丢失了"。拜伦勋爵中学早期"打破模式"的做法已不适合当下情况，新来的教师必须每天准备三种不同的课程、学习材料并管理纪律，非常辛苦。有经验的教师则消极地、敷衍了事地应付因课程改革而增加的工作负担。改革完全改变了教师对工作使命和意义的看法。教师选择拜伦的理由也改变了。七八十年代，教师选择拜伦是因为它是一个创新、革新的地方，一些人把拜伦看作 60 年代那种"可以做自己事"的学校，但到 80 年代晚期，大部分教师来拜伦只是为了谋一个工作而已。很多教师之前在其他学校工作，但迫于当地教师资格的制度规定，被迫调到拜伦。这些教师对这所学校既没有感情，也不了解学校的历史。大多数年轻教师知道他们早晚会被取代，因而积极地寻找各种机会、各种出路。这些教师与以往那些对教师职业充满自豪的教师完全不可同日而语。在过去，教师们经常会谈论拜伦是怎样丰富和提升了他们对职业和人生的感悟。

尽管还残留着一些对学校传统的感情，作为六七十年代创新和文化变革堡垒的东区中学，也经历了与拜伦勋爵中学同样的变化。当很多老教师退休开始第二职业，成群的新教师满怀热情地承担起在大班环境中为严格的新课程做准备的繁重工作。一方面是内心痛苦的老教师的大量离开，另一方面是天真而又有朝气的年轻教师的到来，夹在中间的是那些本希望在近几年退休的教师。这些曾经被遗忘、被忽视的教师，突然感觉到了自己真的到了年龄，意识到自己被匆忙离开的老教师以及指望从他们那里获得指导、支持的年轻教师，推上了"新"中学体制的带头人、引路人的位子。

类似地，哈里斯政府推行的社会政治革命，以及中央集权式的课程和评估体制改革也改变了很多事情。90 年代社会政治的革新和复兴，包括政治骚动、经济衰退与复苏，无疑对东区中学产生了影响。在这十年间，一些教师还保持着对东区中学及其课程和学生的奉献精神，其中甚至还包含了很多情感因素。教师对此所付出的个人和情感的代价是值得关注的。一般而言，教师在本质上就是那些选择教育作为职业并以此获得报酬的人，其工作本身即包含了教化、培养、关心学生的含义。当学生在各个方面都处于弱势时，这一点就体现得更加明显。教师必须承诺，无论学生家庭背景、种族、性别、阶级、性倾向、智力水平如何，都会尽力帮助每个学生获得成功。因此，当全省教师都明显遭遇到各种政策上的难题，东区中学的教师自然不能幸免。标准化改革让他们不安，他们期望完全不同的变革。这一次，东区中学教师对待变革的态度与六七十年代时完全不同，之前是支持，而现在则是反对。

塔里斯曼·帕克中学于1995年进入了"紧缩和强硬时期"。作为进步的保守派政府推行的宏观改革之一，这场改革涉及的范围之广、推行的速度之快，都令帕克中学的教师瞠目结舌。和其他案例学校一样，该校的老教师认为，这场改革与他们对工作使命、意义的看法发生了冲突。当改革越来越剧烈并加速时，这些教师感到自己的奉献精神和能力都遭到了毁灭性打击。

这一新局面和之前充满乐观主义的改革截然相反。安大略中学改革以市场经济基本原则为导向（Hargreaves，2003），其要素包括：强制性的命令、极快的推进速度、简陋的资源水平和工作条件、对专业关系和荣誉的否定。这一切，再加上在矛盾的甚至反复无常的改革过程中积累的经验，使得帕克中学的教师觉得自己的政治权利遭到了剥夺，能力也得不到重视。他们感到沮丧，身心疲惫。许多70年代入职时满怀希望、自信、热情的新教师，现在唯一想做的事情就是逃离学校系统。

1995年后的局势是，越来越多的教师开始从帕克中学退休，这些教师一般50多岁，也有的仅40多岁。取而代之的是年轻的教师队伍。有迹象显示，学校正逐渐接受以市场经济基本原则为导向的改革，学校形象也发生了转变，之前是学术独立且自治的、人性的、包容的社区，现在则变成了被市场指令驱动的、在分层化的新市场秩序中抢夺一席之地的学校。

蓝山中学建于1992年，因此，不能为与六七十年代那场早期局势的比较提供材料，但该校的发展过程具有启发意义。该校建立之初充满了乐观主义和奉献精神，但其在 1995 年后的局势变化，与我们对第二次局势的很多发现是一致的。紧随 1992 年后的那几年，蓝山中学的教师表现出了强烈的奉献精神，学生也表现出很高的能力水平。但经历了 1995 年的改革浪潮后，一切都变了。一些元老级的教师离开了学校，校长在面对由外部因素引发的变革时变得过分紧张和不知所措，整个学校都弥漫在意志消沉、专业迷失的氛围中。正如一位受访者所说："我觉得我们正在变得平庸，而我们曾是冉冉上升的明星。"这一说法是对 1995 年后标准化改革的尖锐批评。

结论

对"二战"后美国和加拿大七所学校发展历史的研究表明，教育变化和改革有着清晰的周期模式。使用年鉴学派的方法，并借鉴康德拉捷夫提出的局势和长波的概念，本书得以对这种周期性变化的模式进行具体阐释。研究发现，有两个明显的变革局势，一是 20 世纪 60 年代中期至 70 年代晚期，二是 1996 年至今。（Goodson，2003）

六七十年代的局势与经济长波的上升阶段同步，于 1973 年石油危机时结束。在此期间，我们调查的所有学校都进行了改革和创新，拥有了一批新教师以及为特定目的而建造的新设施。一些学校的变革体现在教师培训和学生文化方面，但都是在既有的"学校逻辑"的范围之内，还有些学校则试图对从课堂到学校管理的各个方面进行"从头到脚"的彻底革命。所有学校都受到建设一个"伟大社会"的进步主义理想的影响，以追求社会包容和社会正义为特征。用霍布斯鲍姆的话来说，这是社会进步的"黄金时代"，而其矛盾之处和争议之处都被抛在了一边。

始于 90 年代的第二个吻合期则完全不同。其间展开的那场社会实验，它不追求进步主义的目标，在很多方面都表现出退步的趋势。教师的政治权利被剥夺，能力被忽视，情绪沮丧，身心疲惫。

过高的目标和追求，崇尚市场经济原则的风气未能"激发美好的愿景"和对职业的奉献精神。当新的变革力量试图按照统一的形象来设计学校，而不再信奉六七十年代吻合期中的"自由精神"时，教育的发展经历了实质性的倒退。尽管管理和职责结构变得更系统，但一与保守的、指令性的政策联系在一起，对处于改革过程末端的执行者——教师来说，就不再是激励性的手段，而成了使他们厌恶的根源。我们预计，新一轮的变革局势正在酝酿，新的改革观念将登上课堂及学校的中心舞台。

第六章　审思教育改革：
教育中自传研究的贡献

自传方法的导入

重新审视教育和培训当中我们有关社会公正的种种概念，我们不得不面对新的全球化世界经济秩序种种无所不在的影响。全球化通过将政策决定过程提升到一个世界的规模，并总是隐藏在企业的那扇紧闭的门的背后，使得公正与分配的各种问题经常掉落在我们视线之外。因此，对于那些对社会公正问题有兴趣的人来说，全球化提出的许多难题中的一个就是，如何通过研究，能够把社会分配和再生产的问题带回到社会的视线之中。

本章坚持这样一种观点，通过聚焦于人们的生活故事和自传材料，我们能够再次创造出一种模式与过程之间的关联，而这一关联，为我们的共同人性（our common humanity）提供了基础。此时此刻，我们面临的难题是，太多的社会理论与任一社会运动或社会参与，脱离了联系。让我引用多隆·卡明思（Dolon Cummings）的话来举个例，他最近对研究卡尔·马克思和雅克·德里达的新书展开评论，说道："正如马克思指出的，理论如果要抓住大众，至少应该有一种大众运动的基础能够供其表述，如果没有这样一种运动，理论甚至缺乏方向指导。结果，德里达以及他的追随者所具体表现出的现代哲学的暧昧，并不是一个纯知识的现象。脱离政治参与的阅读缺乏紧迫感，我们如何阅读以及我们阅读什么，几乎成了任意的东西。"

迄今为止，我们能够看到的是，社会理论是如此的糟糕，已经到了它的穷途末路。然而卡明思最后加了非常重要的一句："但如何阅读一位作者的问题，是不能完全和如何生活的问题分离开的，而这是一个从来没有真正消失过的问题。"

我认为卡明思指出的是人们的生活使命以及人们赋予他们生活各种意义的当下的重要性。即便在一个全球化时代，我们建构身份认同之事业的重要性也不会消失。或许人们真的可以主张，这种事业的意义，其重要性在急剧攀升。问题是自传研究和兴趣怎样才能和共同的目标、共同的议程结合起来。我相信这是使用自传研究方法现在面临的一场斗争。雷萨德·森尼特（Rechard Sennett）的书《性格的腐蚀》（*The Corrosion of Character*）（1999）是一个经典例子，展现了有关全球化的世界秩序是如何能够通过种种自传方法得以审视的。书中描绘出了全球化带给我们这个世界的各种普遍模式，然后使用许多工人的生活故事去探讨这些模式，展示了它们如何侵蚀性格，呈现出人们在追求生活意义上的许多问题。我相信，在教育与培训的领域，此类研究也同样令人期待。以下几节，我将试图通过几个例子来说明这种研究或许应该怎样展开。

1. 个人的使命和职业的发展

当下许多学校改革、变革理论以及职业发展是从这样一种假设出发的：学校的一切都进展不佳（真），因此只有改革和变革能够帮助改善这一局面（伪）。这一假设认为，目标的清晰阐释、系统考试的支持、伴随着责任明确的各种方案、配套的财政刺激强化以及绩效工资，必然会提升学校水平。教师被定位在这一传递系统（delivery system）中的关键位置，在此强调的是教师职业的技术侧面而不是其职业经历（professional biography）。职业经历是一种个人的使命与参与，它为教师的职业主义（vocationalism）和关怀的专业主义（caring professionalism）之观念提供基础。

我们可以争辩说这一不断增大的技术化要素远非普遍现象，我们也可以说对教师职业感的攻击是被过分夸大了的。尽管如此，不可否认的是，迄今为止几乎见不到什么有关"变化的人格"的研究。只是在极少数的几个例子当中，学校改革和变革理论宣称其将个人的发展和变化当作了过程中的一些主要"建筑材料"。换言之，变迁被一直当作一种看似总要发生的东西，而不管教师个人信念和使命如何。而"变化的人格"也总是一直被当作真正改革的"绊脚石"，而不是关键的"建筑材料"。

在这一部分，我想证明为什么这样的一种看法对当下改革、变革努力的浪潮是一种潜在的灾难。在我着手证明之前，让我们先来看看一个有关当下学校重建的普遍神话。这一神话有着多种变体，但总的来说类似如此：在那些老日子里（60 年代和 70 年代），在许多西方国家，我们曾经运行过松散组织起来的民主的社会服务和福利型政府。

由于经济的富裕，规制非常的松弛，学校教师（像其他专业人士那样）被许以了不同寻常的自治程度以及职业自我定向，其结果是，导致了对于社会规训感的弱化，学校教育掉到了一个很低的水平。

现在，这样的时代结束了。政府现在紧紧抓住对学校的控制——目标清晰考试明确，学校水平和纪律得以稳步提升。

至于教师，这个故事这样展开下去：作为自治的、能够自我决定工作方向的专业人士的那些老日子走到了头，"新专业人士"意味着技术上的能力，意味着紧跟新的指导大纲和满足听众，意味着要把教学看作一种工作——和别的工作一样的工作，他或她接受着管理接受着命令，传递着被要求传递的东西。教学层次的教育变革，意味着尽可能快地用"新专业人士"替换掉"老专业人士"，这一任务一旦完成，"老专业人士"一旦被"扫地出门"，一种新的、更为有效的、得到改善的学校教育体系就会形成。

在某些意义上，这一故事有些类似于许多产业界以及服务业界展开的重建努力，但我想指出的是，特别是在教育领域，这正被证明是一个极具危险性的配套措施。让我们从教师的角度来思考一下这个问题。站在"老专业人士"的角度来看，模式是很清楚的，他们被告知"游戏玩完了"。他们既抛弃了梦想上的职业自治，也在现实生活中早早退了休。结局轻易可以预测得到：一股巨大的"早退"浪潮，以及一群教师"失魂落魄在"一种沮丧的情绪之中。

对于改革者来说，这或许可看作用"新专业人士"替换掉"老专业人士"所必须付出的小小的转型代价。但我们必须在此追问：事情果真如此简单？即便是在商界，重建的工作，已被证明比预想的要远为复杂、远为矛盾重重。而在学校，事情很棘手地关系到人与个性。失落和沮丧，会直接导致敷衍了事的教学以及对学生生活机会的糟蹋。

对"变化的人格"的忽视，或许会被证明，乃是一种高风险的东西。

2. 改革时代的职业生活

我第一次见到贝利（Berry）是在 1998 年纽约州的一座工业城市。我们见面的最初理由是，我们的研究项目是在当地的大学展开的，作为课题主持人制订研究计划是我的职责，去寻找被访者能够为进一步深化研究提供资料和启发。我们分析的目标是，教育体系是如何具体地朝着更为强调责任的、更为强调绩效标准的方向发生改革和变化的。不是去写一份千篇一律式的工作汇报，我们开始站在那些变革指令的接收终端，也就是教师、学生、家长的角度，去关注组织变革的种种过程。作为一个在地方上颇有名气的教师，贝利获得过一连串突出的教学成果奖以及享受着一个非常高的地方声誉，他为我们提供了一个机会，来研究一个最为投入的参与者，对横扫这一地区的改革变革，有着怎样的感受。

贝利所在的学校谢尔顿（Sheldon）中学演变的轨迹，跟在纽约州许多下城区里可以看到的学校一样。从一开始，它是一所社会、种族广泛混合的地位较高的综合学校，有着良好的学业名声，但它现在，为衰败和社会骚动所困扰。20 世纪 70 年代早期，种族骚乱使得许多白人家庭决定逃离到郊外，而谢尔顿中学挺住了这些变化。但 1984 年，一项新的、旨在促进择校和竞争的"磁石"计划的实施，导致大量的优秀学生离开谢尔顿中学，也削弱了学校的学业名声，并且导致了更多的白人学生离开学校。同一个时期，地方政府关闭了一所附近的高中。这是一所有着很高的非裔美国人比例的学校。这所学校的大量学生以及一些教职员工转到了谢尔顿中学。截止到

1989 年，估计半数以上的谢尔顿中学学生生活在贫困家庭之中，而到 2000 年，这一比例上升到了 70% 。这所学校毁于"磁石学校"计划，这个计划的实施使该校失去了众多学术取向的学生，转学给他们带来的是许多非学术取向的学生。

20 世纪 70 年代特别是 20 世纪 80 年代，是谢尔顿中学急剧衰落的一个时期。这个时期校纪问题触目惊心而学业成绩大跌。但也正是在这个时期，贝利留在学校投身工作，做出了很多为他赢得优秀教学成果奖的成就。这不是一个轻易就能被社会骚乱、种族冲突、种族结构变化、学业名声变化击败的教师。这些年他坚守着他的领地，去"建立他自己的班级世界"。这个世界堪称优秀，也是参与性的。在学校衰败、走下坡路的这些年里，他却判断自己处在自己的事业顶峰，这一点丝毫不假。

1975 年我开设了自己的独创性的写作课，然后我得到了我第一个"荣誉班级"，是九年级。1975 年到大约是 1985 年，仿佛是一个黄金年代，我所接触的孩子以及我自己的求知欲都达到了一个顶峰。我生活得充满活力，这些活力来自外部和内部。我总是在寻找新人，去发现新的材料，建立新的队伍，尝试各种各样的方式。1985 年、1986 年前后，那是一个了不起的时期，我想，我跨进了一个真正竞争的时代，它让我感到被武装起来了。我能把"武器"用得很好，只要我想用。……我成了一个有很多荣誉的教师。

这些表述，展现了贝利作为一个模范职业工作者的形象：工作在一个非常恶劣的环境下，面对着学校里许多最贫穷也最有挑衅性的孩子，却对工作始终怀有一种参与投入的积极姿态以及一种使命感。他是通过提高自己的职业技能，建立和自己学生的关系，以及定期地补充自己的知识和教学"资料库"来达到这一目标的。他有着丰富的教学经验、满脑子的教学热情和计划，建立了一个班级世界——这是一个展现参与和技能的地方，他实践着自己对于公共教育的投入，以所有阶层所有种族的孩子为自己的教学对象，把教学活动塑造成了一种道德工艺。对于一个处在发展压力下的社会来说，对于被不断强化的社会结构来说，对于一个需要延续的社区来说，这样的教师难能可贵，对他们的培养、激励和支持也成为当务之急。这样的教师，对新教师也产生着榜样和引导的力量。

走进贝利的世界，会看到各种新改革和重建的努力。20 世纪 80 年代，美国经历了一场急剧的标准取向改革运动。20 世纪 80 年代后期，在这个学区，政府发布了五个科目的竞争性考试。1990 年，这些考试又拓展成六个科目。对于毕业所要求的必修学分，也从 1986 年的 20.5 提高到十年以后的 23.5。这一次，20 世纪 90 年代中期，一连串的考试改革，很狭隘地演变成了一个考试的配套框架，这一框架与政府提出的标准紧密相扣。学生的毕业，取决于是否通过了其中五个科目的标准化考试。

贝利的使命感、参与感，受到这场新标准取向改革的考验。但是首先，我们必须弄清贝利的使命源于何处，以及它是如何在他出色的教学活动当中、在他生活"梦想"和"使命"规划当中，发挥显著作用的。贝利 1968 年毕业于路易斯维尔大学英国文学专业，并辅修公文写作，他获得过一项原创性写作奖学金，也是学院院刊文学杂志的编辑和艺术编辑。到毕业时，由于不想去打越战，他加入了和平队（the Peace Corps），并选择了在印度服务。

他的人文主义倾向很显然出现在他第一次领到教学任务，在一个蓝领地区非裔美国人口上升的学校中，他马上有了回家的感觉。这所学校很适合他的民主、平等地对待所有学生的人文观念。这一道德目的和使命，当然是扎根于美国历史的——贺拉斯·曼（Horace Mann）的公立学校是这一民主理念的缩影也是综合高中的先驱。他发现自己身在其中。20 世纪 60 年代的这一代人深深地沉浸在这样的道德目标中：对共同体对平等满怀着期待。这一点，贝利正像那些选择了教学作为实现自己的道德参与，去为美国的民主目标而奋斗的所有男男女女一样。当然，新生活的理念灌输是与婴儿潮的人口膨胀相同步的。这些婴儿潮出生的人口，从结果上说，带来了巨大的变化和发明。

他的投入在学生群体中，无论是意大利人、波兰人还是白人或非裔美国人的群体中，引发了回应。他对他们所有人都给予正面评价，而这，在他的班级迅速建立起了一个良好的学习环境。他断定"非裔美国孩子真的很喜欢我。我认为这是因为我诚心诚意，而他们也一样"。他还"很早就意识到一些事情自己做得很对。我能够非常快地和一个班级建立一种融洽的关系，我能够很快使他们对文学感兴趣"。他的社会包容信念和他有关包容性学习策略的观念，很明显是相互支撑的，使他赢得了学生的广泛拥戴。

然而，正如我们谈到的那样，贝利说在他的教学中，他是投入了那么多的时间和思想。他总是在搜集材料和想法，尝试着各种办法让他的学生提高学习文学的激情，投入合适的问题解决以及学习方法中去。他的教育使命是义务性的、持续的和连贯的。他经常是早上五点半就到了学校，花上两个小时来备他的课。这是一个勤奋踏实的专业人士，他潜心于教育，尽可能地去超越学校所在的本地社会、去超越种族的混杂，传播他的有关学习的思想。他的教育目的是培养美利坚合众国将来所需要的公民，这是一个引以为荣的目标，是他那一代人使命感的一部分，也正是这，驱使他在他的班级竭尽全力，取得了有目共睹的优异成绩。

对于积极投入和有着使命感的教师，在任何社会，其价值都会得到高度的评价。因此，改革应该以一种谦逊的态度和灵敏的感官来倾听一下这样的职业人士的意见。事实上，正如"不破不补"那样，如果它已经是像贝利的案例那样运转良好，改革应该小心谨慎并且对人要充满关爱。

标准取向的改革是直截了当的工具性的，不仅因为它是标准的，不适合教学的个体感情侧面，而且因为它不去关心整体的使命和参与。而正是这一使命与参与，在教师的生涯中不断激励着他们。

贝利一开始的投入对象是一所综合高中，他的教育面对着所有学生并且努力实践着机会的平等。但随着时间推移，结构性变革开始侵蚀教育，不平等日渐扩大，侵蚀成了永久的、顽固的、不可回避的东西。"磁石学校"吸引走了学生，郊区吸引走了富人以及主要是白人的学生家长，转学加大了贫穷的、少数族群孩子的集中。然而即便如此，正如我们看到的那样，贝利的教学，他在自己班上包容了那些弱势的孩子。他依然坚持着自己的理想，实践着出色的教学，获得了许多奖项。

分析他在班上遭遇到的、想方设法对付的这些结构性挑战的轨迹，可以看到新的改革并不止于班级的门内。贝利自己越来越被看作一个标准的任务执行者，这些任务的指令不断地来自他人。一个大师型的工匠，被当作了技术工人，他的行为展开，受着别人的指令和严密的监督。

他精确、诚恳地对改革效果作出了如下的说明：

对于我来说，在学校，这一直是特别地令我困惑和士气低落的日子。班级规模是那样的大，地区和学校的期待是如此的高，学生的学习动机和技能又是这样的低，我发现自己是一个阶段一个阶段地思考着怎样应付，而不是去思考整体的教育该如何去取得成功。

这些苦恼带来的结果是，我有段时间特别的消沉……通常，在教学上为使自己保持兴奋我需要一群感兴趣的学生，以及可以施展身手利用他们的兴趣，把其他的学生也带动起来。今年，课程的那些紧箍咒、考试成绩和对学生的评估，使得我没有时间和精力再去思考如何给自己充电那样的不着边际的事情。

改革者所提到的一个通常的解释是，在老教师当中，那种教师的消沉现象只是年龄变老了的一种表现而已。但你想做出评价的时候，这不能用来描述那些在他们的职业生涯中做出卓越成就的教师，不能用来描述他们的目标和使命是与全社会的教育观念相一致的教师。贝利对投入热情的消退，看起来很不一样。当你和他交谈时，他的目标感和投入感是很明显、很明朗的。这是一个拥有热情拥有理想的人，但是他的理想与新的版本走不到一起。他有关社会包容的学校共同体理念以及平等化政策的记忆，显然与新的改革版本相矛盾。这一新的改革有利于住在郊外（中产阶级）的学业成功的学生，而给城里的大多数学生打上了污名的烙印。对于后一个群体来说，标准化的体系、组织、标签都是排斥性的，而他们是贝利的学生。

正是在这种时候，建立在判断和技能之上的贝利的创造性和丰富多彩的生涯，他的职业生涯的记忆，崩溃掉了。我们看到的是一个更为实用性的、微观管理的、用职业实践（professional practice）取代了他所擅长的且他的学生从中获益匪浅的职业模式（professional patterns）的人。因而，他的职业幻灭是如此的不含糊，就一点都不足为奇。

优秀的教师消沉于幻灭，这就是标准取向的改革之过。让那些优秀的教师失去信心，就不可能传递什么高标准的东西，只会不可避免地终结于低标准的层次。标准取向的改革，必然启发、加深人们对优秀教师为何追求卓越的理解。这些是共同的线索。

优秀的教师倾向于拥有一种有关使命与职业的总体感。正如我们早先指出的那样，莱文生（Levinson）、希伊（Sheehy）以及其他的许多人告诉我们，绝大部分的人，在他们的生活中努力成就一个"主要的梦想"。这是一个命令型的故事安排，它把他们的热情、目标与一个规划或使命结合起来，并使他们围绕着这一规划或目标来组织自己的生活。他们围绕着主要梦想或使命的结果，来判断他们生活的成功或失败。

否认、忽视或者是贬低优秀教师的使命感的各种改革，因此都是反生产性的。不仅是优秀教师会意气消沉，而且，好的角色模型会遭到毁坏，好的导师也会无处可觅。幻灭会像传染病一样扩散开去。教学是需要高度投入的职业，但教师把它置于自己生活世界的中心的这样一种观念被破坏殆尽。当使命与意义失落，工作上便会投入得更少，人们开始迟到早退并且敷衍了事。正如一个新来工作的人说的那样："那仅是一份工作，我来了，他们告诉我做什么。我做了然后尽早地赶回家。"这就是忽视优秀教师的"内心和精神"的时候所得到的结果。它不能促进标准的提升，反而会招致标准的全面下降。如果这只是标准的问题还可以对付，但是在它背后，是社会理想的破灭和更为包容性的公共实践的解体。

3. 改革和重建的预期外效果

贝利详细告诉我的是，随着时间的推移，新的指导纲要和课本是如何几乎完全毁掉他的投入和理想的。这是一个个人的灾难，但是我想指出，在

"老专业人士"中的这种认识，对于学校的复杂生态来说，是一个影响范围更广的灾难。"老专业人士"这个词需要更深入地寻味。我不是意指一种特定的职业或者是一个特定年龄与阶段，而是它意味着一种教学的观念，在此，职业主义得到表述和体验，而不仅仅是一份工作。这正如关怀职业主义。在核心上，它意味着把教学的工作看作超越物质报酬和技能传递的某物，是一种与理想、热情、意义纠合在一起的东西。这听起来太虔诚（因为并不总是这样，并非在所有环境中都是如此，我们大家都有糟糕的日子、糟糕的时期，我们当然也有世俗的、物质主义的事情），但它意味着一种职业主义。在此，"职业"是配套措施中的一部分，人们拥有"理想"、追求"理想"，"老专业人士"于是抓住了一种老教师新教师双方都能感受得到的雄心壮志。将一种职业主义称为"老"，只是由于相对于当下环境来说，它在某个时期曾经是如此天经地义，如此易于被看作一种追求。

在学校，对"老专业人士"之职业精神的攻击，由于以下所列的诸多原因，成为一个问题：记忆丧失、导师流失、教师队伍的保持和招募。以下我逐一进行讨论。

（1）记忆力丧失

当一个行业或一个共同体中，过多资深成员被要求提前退休或遭受他们不愿意的变迁和改革时，会出现怎样的问题呢？实际上，这样的情况很多学校也时常遭遇，我对将会发生什么抱有极浓厚的兴趣。有趣的是，英国的一系列最新研究正在分析另一个复杂的服务行业——铁路业当下发生的变化。梯姆·斯腾格曼（Tim Strangleman）本是一名铁路信号员，现在是一位从事有关铁路业研究的博士，他对铁路工人的职业认同、他们的技术和对"管理铁路"的自豪感十分感兴趣。这些铁路工人把他们的工作看作一项通过工作中同事之间相互学习才能获得的涉及面很广的技术技巧。现在铁路正在重建，并且建设任务被分割到各自独立的、自我管理的地方性公司，每个公司都有它自己的预算。铁路工人的职业技巧和职业自豪曾经是老的国家服务系统的核心要素——也可以说是老铁路职业的特征之一，但现在随着重建工作的逐步实施，"这个职业中任何残余的自豪感都变得越来越微弱，因为新的管理者——其本身并没有任何有关铁路行业的知识背景，灌输给员工这样一个观念，即'它（指铁路职业——译者注）仅仅是一项工作，就像剥豌豆的工作一样'"。（Newnham，1997，p. 28）

在我们对青年教师的研究中，也经常遇到类似的表达。"毕竟，教师仅仅是一项工作，就像其他工作一样。"在对铁路行业的研究中，斯腾格曼也作了联想。比如，他

> 将铁路行业与银行业作了一个令人称奇的对比，创造了一个新词——"团体记忆的丧失"，来描述通过多年经验才能获得的、不可估量的不同知识层次是如何在80年代被一个对过去没有任何体验和感情，却有着过度自信的管理阶层清除干净的。在银行业，这种缄默知识（tacit knowledge）——"经验性的做法"——可能决定着什么是合理或不合理的投资，但在铁路行业，则决定着生命的存亡。（Newnham，1997，p. 28）

这一研究是在1997年完成的。那以后，英国发生了许多场可怕的铁路事故，其中哈特福尔德（Hatfield）撞车事件的结果，导致了几乎整个铁路系统关闭了数周时间。

铁路行业的封闭性和它有效的私有化，使得一系列关于所发生的事实真相的报告和实况报道为人们所知。然而，奇怪的是，对于那些负责这个改革行动的官员来说，学习曲线似乎是无限长的。斯蒂夫·罗伯森（Steve Robson）爵士是前财政部第二任常任秘书长，当他在财政部任职的时候，他的工作是关于几个私有化事项，包括铁路行业和私有财产的改革。在他对这个问题的分析中，他完全没有意识到工作、动机和"变迁的特性"是问题的核心，相反，他回到一般性分析，认为这基本上是一个钱和财政支持的问题。在最近的一篇文章结论中，他论述道：

> 铁路行业怎样呢？我们现在应该往哪个方向走呢？最基本的问题——管理和激励——是相同的。铁路设施需要由被激励的，并被赋予权力去做好工

作的顶级管理人员来管理和运行。这个问题对于希望看到国家有一个好的铁路系统的我们而言，主要在于铁路管理机构能否吸引这样的管理人员并给予他们适当的激励和权威。（Robson，2001，p. 28）

看看铁路行业出现的问题，就能知道这一分析之远见的缺乏和结论的荒谬是如何的非同寻常。它似乎表明劳动力及其专业知识的继承更新，在铁路服务部门的运输系统中是微不足道的。问题又一次回到了精英的激励上，而这些精英已经一直拿着养老金，而且各种奖励达到了极为荒谬的程度。作为结果，招致的却是运输系统的灾难性崩盘。人们不禁会问，在某些政府部门，为了改善工作，根据学习曲线，到底是何种经验才是我们所要追求的。

当学校改革面临新的变迁和改革时，将"老专业人士"剔除出局，或许也是一场类似的灾难。很显然，"变革的特性"方面的一些东西，更值得我们去关注。

（2）导师流失

每所学校都是精心构筑的共同体，如果在这个共同体中，年长者感到失望和被低估，对于这个共同体来说，就是一个问题。这一问题随即会变为学校提供的教育服务能否有效地得到贯彻——简言之，乃是学校成绩和教育标准的问题。

罗伯特·布赖（Robert Bly，1991）曾经就一个共同体中的年长者不再抱有激情、迷失方向、被忽视时这个共同体会出现的困境进行过研究。思考教师，这个问题尤其重要。让我举个具体的例子来说明，当整个教师群体出现这种情况时，我们将会失去什么。在我们的研究中，我们观察了很多学校，都可以明显感到飘荡着漂泊感、无序感以及方向的失落。其中的一所学校——在多伦多20世纪60年代建立的一所革新的、具有里程碑意义的学校——前任校长对这个问题的判断，与铁路问题上看到的判断十分相似。

建立了教师专业性的老教师群体，由于新的变迁改革，已经开始对教师职业失去激情，结果，他们或者提前退休，或者以一种不满的、得过且过的态度继续工作。前任校长认为，这一情况表明再没有人会去指导帮助年轻的教师。他们只是来到学校然后干活，而这只是一份工作，他们尽自己最大的努力遵照管理层的指示，不违背国家的指导方针。结果，"老专业人士"（在这个具体例子中，主要是指年长者）把专业知识保留给了自己，专业知识的传递链也遭到了破坏——"通过多年教学经历才能积累的不可估量的知识"无法传给新一代的教师，学校因此导致了"共同记忆的丧失"。

很显然，结果就是产生了一个没有激情、没有目标、没有发展方向的学校。人们只是在干活，就像任何其他工作一样，没有一种重要的使命感或者完美的理念感。一旦下班回家，开始了工作以外的其他生活，人们才又体验到了激情，意识到了奋斗目标。

（3）教师队伍的保持和招募

前面两部分，我们已经谈到"老专业人士"的使命感在教学中是如何被削弱的。他们或是正式地提前退休，或是精神上开始对教师职业的使命感变得漠不关心、不抱激情。改革的倡导者和变革的理论家们在某一阶段会认为，应该把"老专业人士"引起的这种空洞化现象看作改革策略取得成功的一个标志：学校的工作岗位应该都让给新改革的积极拥护者，并通过他们的努力来使学校恢复活力。

这种观点被证明既盲目乐观又幼稚可笑。保留原有教师的问题（或者在改革者的眼里看来不是问题）已经很快转向招募新教师的问题。这后一个问题被视为问题，是因为即使是最激进的改革倡导者，也会意识到学校必须要有职员才能运行。

而研究表明，在很多方面，原有教师的保留和新教师的招募是紧密相关的，并有着相同的问题根源。将要成为教师的年青一代中的许多人，看起来似乎关注着这一工作并且对工作具有与"老专业人士"（老教师）相似的认识。"老教师的肃清"问题与新教师的"去留"问题其实比肩并存。

用鲍勃·休伊特（Bob Hewitt）那句精准到位的话来概括，这是因为现在教学中"独创的、灵活多样的方法都被禁止了"。在一篇题目为《我退出》的辞别文章中，他写道：

但是，将现在的学校仅仅看作充满了官僚作风的场所，远没有抓住问题的本质。教育在传统上一直是与自由紧密相依的，但现在却毫无自由可言。自由消失了。独创的、灵活多样的方法都被禁止了。每个学校都开始成为古拉格①的一部分。督导怎么可能用秒表来测量读写的时间？一个教师又怎么可能因未做某些文书工作而被解雇？（Hewitt & Fitzsimons，2001，pp. 2-3）

虽然一些更年轻的人接受这种形式的职业认同，但却不能据此判定他们会把独创的、灵活多样的方法带入重视而不是蔑视这些职业特性的工作中。比如，卡梅尔·菲茨西蒙斯刚刚获得教师的资格，但看起来却没有可能将认同化为实践。在《我退出》一文中，她谈道：

我并不认为教师没有创造力——但他们的创造力正被官僚制度和文牍主义的齿轮所碾碎。

举例来说，每堂课老师都被要求准备好对前一堂课评价的材料，他们必须对提到的问题做出反思。接着他们必须准备一堂课的教学计划——基于课程的长期、中期和短期目标，并且在课堂上展开教学活动。他们必须写出对课程如何进行的一个评价，并评估每个孩子学习的进步情况。这就意味着一天五堂课每天就有五份材料。加上对每个孩子的个人记录、阅读记录、学校旅游费用的收集等，你会开始怀疑你是否还有多余的时间去拿你忘在操场上的外套。（Hewitt & Fitzsimons，2001，p. 2）

阿里斯泰尔·罗斯（Alistair Ross）和一研究团队曾经对过去三年新教师的招募和教师队伍的维持做过研究，他们的研究发现和结论对改革和变革的倡导者来说具有启发意义：

我们问了那些离职做其他工作的教师，在新的工作中是什么吸引了

---

① 苏联关押政治犯的监狱。——译注

他们。

　　3/5 的教师认为他们从事这项工作，发现教学并不允许他们发挥创造性，教学方法也缺乏丰富多样性。而这些因素又恰好是定义教师职业的核心要素之一。人们加入这一职业正是因为它曾经能够提供给他们自主性、创造性以及能使他们发挥主动性。

　　到底这个职业发生了什么，让这些教师变得如此失望，以至于他们要另谋职业？这个问题对教师来说是反问式的。教学开始被管制，开始变得具有可计算性，必须服从控制和指令，如此等等，这些方面都促成了教学上的激情的消退。（Ross，2001，p. 9）

　　他们也认识到，招募和保持教师队伍的问题并非如别人经常提到的那样，仅仅是一个经济的问题。

　　我们也发现教师离开这一职业，并不是其他职业的高薪吸引了他们。在离职从事其他工作的教师样本中，只有27%的人能够挣比他们当教师时要多的工资；27%的人认为他们挣的钱跟他们当教师挣的钱一样多；还有45%的人挣的钱比他们当教师时少得多。因此，正是教学本质的变化，导致了我们所描述的危机。（Ross，2001，p. 9）

　　总而言之，最近在许多国家发生的改革，都试图关闭为个人和职业行为提供的半自主空间。这样一来，他们把螺丝拧得太紧，威胁着把教学变成为一种只对顺从的、规训的人有吸引力的职业。反过来，创造性的人、富于想象力的人则丝毫感受不到它的魅力。通过一些极端的方式，他们试图把我们的学校变成贫瘠的不毛之地。学校几乎成了这样的一个地方：种种标准建立起来了，而教育的创造力却倒了下去。

　　看出这些变化和变革的一种方法，是通过那些清晰的表征来认识。这些表征显示，我们最富创造性和才能的教师，是对那些新的各种政策和章程最不抱幻想的人。在最近的一个调查中，教师普遍把"政府的工程"列为他们为什么离开教学的一个主要理由。把任何一种职业或者工作看作一个部分和部分的集合而不是一个单一整体的这种观点是很有启发的。

审视教学职业，我们可以区别出三个部分：

- 构成前 10% 到 20% 的精英群或者叫先锋群；
- 构成最大群体的中坚群，占 60% 到 70%；
- 边缘群体，占 10% 到 20%。

精英群体是最富创造力和干劲的群体，而且经常帮助定位、梳理、丰富一般意义上的"教学使命"以及特殊意义上的某个学校的"教学使命"。他们对于变化和变革的投入参与，是改革事业成功的基本前提。他们的幻想破灭和脱离，使得变化和变革仅仅成为一个空洞的口号。之所以如此，是因为他们对于大多数教师群体而言具有指导和领导意义。占 60% 到 70% 的忠于职业、辛勤工作的这一职业群体，构成了教学职业的中坚。精英群体与中坚群体之间的指导与领导的互动，在为教学工作鼓劲和定位上是互惠和重要的。在维持职业意识和使命方面，也起着中心的作用。

在任何职业中，这第三个占 10% 到 20% 的群体，其参与度是最小的。对于他们来说，那仅是"一份工作"，是能力水平上的一些边界。这一群体一直是西方政府最近发起的许多变革以及责任策略的目标对象所在。一如贫苦，人们感觉到他们"总是和我们如影相随"。聚焦针对这一群体的改革，从他们的成果以及干劲来讲，实际上被改变过来的东西甚少。但是，吊诡的是，这一世界正被精英和中坚所改变。通过对任何职业都会包含的少量的、水平低下的群体的攻击，许多变革遭遇到了因为让先锋群体和中坚群体泄气而产生的一个巨大的负面影响。用商业的行话来清楚地表达的话，资产负债表的付出与受益是完全不令人满意的——受益甚微而付出巨大。如果它仅是一个金融底线和利润的问题，那么可以立刻采取行动：变革会被废弃，新的、更为鼓舞人、更为有效的各种计划会被实施。但是就教育而言，这是一个人的判断的问题，是一个带有政治色彩的问题。人们在有效地做出判断之前，会感觉到一场漫长的自然减员的战争。而与此同时，体系继续着它的恶性循环。

不满的迹象与日俱增，不仅是教师的辞职问题，还有学生的不满和退学问题。在英格兰启动国家课程的情况下，许多学生在家接受教育而不是在学校。与此同时，在更具活力、更有创造性的环境如香港，政府正在远离刚性的、大纲性质的、科目中心的课程，而关注一个更为柔软的、"主要学习领域"的教育框架。各学校在这一教育框架中决定自己的课程，教师的个人和职业判断得到了更好的尊重。在此，建立起了对"变革的人格"的尊重，以此促进更大的创造性和竞争力。

综上所述，变革返回给了教师一定的个人和职业的酌情权，也给了"通过经年的经验积累得到不可量化的知识的那些群体"酌情权。这些知识经验，在学校里，只有那些愚不可及的管理群体才会试图去一笔勾销（如铁路上的那样）。在铁道部门，对改革热心过度的追求的一个结果，是一个死气沉沉没有效能的体系。在学校，对学生生活机会上的影响，情况同样如此。

4. 教育改革和传记研究

从 20 世纪 80 年代到 21 世纪早期，许多有组织的变革都在追求一种重构，用更为有弹性的、市场取向的、交付取向的（delivery-conscious）组织去取代大的、有时是僵硬的、供应方中心的（supply side）组织。那一直是一个急速重构的时期。在全球性重构和巨大的技术转型的时代完成其重构，无须惊讶。诸多改革由于缺乏深思熟虑，招致了许多意想不到的结果。革命性的组织变革总是伴随着缺点一起进行的——第一次工业革命如是，这一次技术性全球转型时期也同样如此。当转型的第一次浪潮开始减速时，变革的这些不曾预料到的副作用慢慢地显现出来了，而传记研究，有助于我们去理解那些不曾预料到的效应。这些副作用是否有助于改变、逆转或者中止这些转型的变革，在某些程度上取决于我们对它们性质以及原因的认识。本书中，我论述了这样一个观点，即如果无视变革的这些不曾预料到的负面影响，会真正威胁到重构与变革努力的势头，也会威胁到变革的最后成功。

许多变革具有共性：它们试图将与责任结构和标准相连的新版本和目标

清晰化。这些变革有时被看作"3T"（目标 targets、考核 tests 和表格 tables）——传承了教育的"3R"（阅读 reading、写作 writing 和算术 arithmetic）的说法。在公共服务方面，这些标准取向的变革的微观管理，经常伴随着一系列的细化和明确性——复杂得有时是没完没了的。在这个新"自由市场"的世界秩序中心，存在着这样的一个吊诡，商业一方面越来越自由化，但公共领域却变得在微观层次上、在各种层面上管理得越来越精确、越来越细致、越来越没有自由。自由市场以及私人领域的自由化、公共领域的微观管理则被重新管制。在商业领域增大了效率和盈利能力的许多变革，被"移植"到了公共领域，但是因为具有上述的管制以及微观管理的特性，对商业有关业绩理念的生搬硬套，却产生了一些与实施初衷完全相反的结果。

商业领域与公共领域变革的一个特性是，用各种新工程的目的目标去置换那些被设定为改革目标改革对象的组织所拥有的"真理王国"、"激情逻辑"或"使命陈述"。在这个意义上，组织变革乃为一场置换，或者说是一种真正的解构，将一个"组织记忆"替换为一种新的记忆。在商业领域，记忆的解构或许比较容易被接受，但是在社会服务这一脆弱的生态圈里，一如我们将会看到的，那通常是一个更为危险的过程。服务会崩溃，生命与生存机会在这种无序之中慢慢丧失。

这一点，同样可以用来谈论人们带入其工作的人的"使命"问题。在商业领域，新的、弹性的行业，特别是 IT 领域和一系列网络公司，经常放手让雇员去规划自己的"项目"。这被看成是对创新力的强化和对公司使命的执行—追求（delivery-driven）。在公共领域的微观管理和重新管制的那些部门里，发生的事情却正好相反。职员的使命和项目，被对标准和行为做出规定的各种文件所取代。组织使命与个人激情之间的任何协调，好的意义上变为了一种随机和偶尔为之，坏的意义上则成了一种相互对抗和矛盾。这也可以意味着在重构了的公共领域工作的人们，开始不在工作和业绩上花心思。对于他们来说，这些工作和业绩，只是来自技术官僚的他人的命令，只要求做到最低标准就行："那仅是一份工作——我做到位了，做了命令要我做的事情。"个人的感觉是，要想推行那曾经一时是公共领域高端之特色的关怀职业主义，还有很长的路要走。

对过去"关怀职业主义"的提及会为某些人马上敲响警钟（注意，我特别谈论的是"高端"，公共领域最好的那部分人）。但是，这一抨击给人一种对过去和谐的、顺畅的公共领域"黄金时代"怀旧的感觉。当然，它不会是"过去已经不再"的乡恋。而实际上，一些公共领域开发出了一种文化，更有利于服务的提供者而不是接受者。某些时候，工会的行动会加剧这个问题。公共领域的运行到底是"为了谁的利益"，这一问题是一个永久性的问题。公共的、职业的群体可以为了他们自己的目的劫持各种资源，一如别的群体那样。虽然他们是否可在一个堪比安然公司（Enron corporation）和麦斯威尔公司（Robert Maxwell）的规模上做这样的事，值得我们稍作考虑。公共领域中的互相制衡一直在被滥用。滥用以及职业上的资源占有也总是非常有效地得到遏制，经常被审计。尽管如此，问题还是一直存在。20世纪 70 年代的 10 年间，英国为这类问题提供了一个鲜明的案例，这一案例最终结束于弥漫在工人及工会"不满的冬天"的氛围中，而这种氛围预告了撒切尔政府的登场。

20 世纪 70 年代冲突的挖掘、责任的归咎以及因果的描述，是历史学家的事情。对于本书的一些观点来说，其重要性在于，它们指出了在公共领域，人们已经认识到事情并非如最近的变革和重构之前想象的那个样子。自私的职业主义、贫乏的文化（甚至是非传递性的）以及体制化的实践曾经与学生、家长、受众的利益背道而驰，所以，这并非是"回归黄金时代"式的评论。

我的看法是，战后公共服务领域的一个显著特点是一种延续下来的"关怀职业主义"的道德伦理。这是一种职业的感觉，这种使命感的感觉超越了上面提到的那些实践和特别的利益，在人们身上得以保持并经常发挥作用。一个显而易见的事实是，虽然工资是那样的低，资源是那样的不充分，但仍有那么多的教学工作者和护理工作者把工作维持在了一个很高的水平，这充分证明了那个时代的许多公共服务领域员工的职业意识、责任意识。我认为，如果低估了如此多的公共服务部门员工为了使命而表现出的自我牺牲精神，那不啻是害了我们自己。

关键的一点是，公共服务领域的职业不是单一的铁板一块。一个职业是一个"利益的联盟"，在一个共同的名义下于一个特定的时间集合到了一起。因此，一个职业包含了一些要素，这些要素是自私的，有些甚至是纯工具性的（即使在他们的职业伦理中是最低限度的），还有一些群体维持着很高的实践水准和一种有关责任与使命的特有意识。核心的问题是，如何设计各种变革和重构的计划，使它能够包含、限制、重新指引自私的、工具性的以及最低限度的要素，同时也能够奖励和激励那些具有责任与使命意识的人。本章研究表明，各种变革目标是以职业主义中那些较少公共精神的要素为对象的，但如此一来，却贬低和削弱了那些责任与使命的意识，而这些意识是我们公共服务领域最好的那部分人的一个长年形成的特性。简言之，各种变革过于频繁地"将婴儿与洗澡水一起倒了出去"，而一旦倒掉，事实证明，婴儿很难再被救回来。在西方世界，围绕变革需要的是，在重构的匆匆脚步中稍作停顿，去反思一下那所遇到的风险。这一巨大的风险，在我们公共领域，越来越多的有职业性、责任心的群体发出异化、绝望声音的时候，显现得十分清晰。通过进行更多的传记式研究，我们为职业的声音加重了砝码，指出了出现在各种教育变革当中的问题点以及难点之所在。

第七章　倾听职业生涯的故事

　　我一直通过关注个人的生活故事来讨论当代的一些问题。在很多地方以及公共服务业的护理行业中，我们都不难发现这些问题。过去的几年里，我曾有机会遍游各地并访谈到许多不同领域的专业工作者。

　　一些片段或许能为贝利所表现出的态度提供很好的解释。一群年轻的英国护士跟我极为详细地谈道，注重目标管理和绩效排行的新改革，使得医院已经不是她们入职时所期待的那个样子了：

　　我进入护理行业是因为，自从我记事起，我就一直想要照顾并关心他人。这是我成长的家庭中的一部分：我奶奶是一个助产士，我妈妈是一个兼职勤杂工。所以你可以说这是融入我血液中的。

　　我不是一个神经脆弱的人，如果我去照看一个有病痛的人，也就是病人，鲜血、呕吐和屎尿从来就没有吓倒过我。公立医院的一些傻瓜现在极端愚蠢地称病人为"顾客"！但对我而言，照料病人，和他们聊天，护理他们并让他们感到舒服——多少维护病人的尊严——这就是我进入护理行业的原因。

　　我认为，这些陈述可以得到几代护士的认同，也将护士职业定义为关怀职业主义的一部分。她们为护士职业终生努力与贡献的动力来源，就是护理。那么，改革对这一宝贵的终生奉献精神，带来了哪些后果呢？一位护士，描述了她对绩效优先的医疗改革的回应。

我整个人生就是护理，但我现在发现自己整个目标理念被改革的一整套官僚主义胡言乱语折腾得晕头转向。不是在病床前照顾病人，与病人交流，仔细照看观察他们，也不是作为拥有这些技能并是一个有责任心的护士团队中的一员从事这项工作，我整天忙着其他无聊的杂务。

如果你注意过我，你会感到震惊，绝对震惊。现在绝大多数时间，我并不靠近任何一张病床，更不必说走进病人了。我在做些什么呢？独自坐在一台电脑前——填写表格，汇总数据，在电脑前虚度时光——确实只能用虚度时光这个词来形容了（笑声）。但这真的是我——一个年富力强的年轻妇女为什么要在这里的原因吗？我认为自己能为那些需要的人贡献爱心和同情，但我没法靠近他们。这种状况使我抓狂，但除非真的发狂，否则我仍旧必须待在这里！

所有我访谈过的女护士都承认，以绩效标准化考核为基础的改革，对这些年轻护士产生了影响。一位较年长护士的这段话，或许是最有力的证明。

这项工作变化如此之大，我和我的朋友（我们都差不多年龄，我猜大约50岁）……在面对这些愚蠢的目标和表格时，试着去坚持我们以前的世界。在我的病房里，我们仍旧将病人放在第一位，并且继续作为一个具有奉献精神、有经验的护士团队去这样做。这意味着我们要减少文书工作，完成最低限度的文书工作，尽可能省略很多部分。我们有时会挨领导的批评，但他们了解我们，而且也未曾发生过什么。但这是一个滑稽的世界，你不得不为成为一个合格的护士制造各种借口。我有时怀疑正在进行的改革到底是什么，他们真的想把英国国家医疗保障系统搞好吗？

这些护士——年轻和年长的——都在相同的医院里，我能够花足够多的时间观察她们工作。过去的20年，我花了大量时间观察专业人员的工作，看看她们那些有人指出过而又确确实实存在于工作中的差异，也真的颇为有趣。

当商量我如何进入时①，有一个偶然的发现。护士们更愿意我以个人身份进入，而不是以一个走正式渠道的访问者的身份进入。这是由于弗兰克·弗里迪（Frank Furudi）② 所谓的"恐惧文化"所导致的。由于公共服务领域顽固的微观控制，这一"恐惧文化"在很多职业工作场所都甚为横行。因此，这些护士，甚至是有经验的年长护士，更愿意让我保持她们的匿名性，愿意使得我们的会面和我的观察，每次看起来也像一种隐秘。

我待在医院的日子完全证实了两类护士所代表的不同观点。年轻护士的病房经常是没有护理人员在的，而让病人孤单地躺在那里。在一天的几个长时段中，我发现护士们聚集在一个长长的办公室里，在电脑上输入数据。偶尔，一两个护士会匆匆走进病房，而那经常是为了回应病床呼救器的呼叫。但她们职业生活的重心，很明显是电脑房。正如我谈到的，这种差异看起来是如此的鲜明如此的两极分化，以至于几乎不能相信自己的眼睛，但这确实是病房里的实情。年长护士的病房却是另一种相当传统的模式：护士与病人聊天，整理床铺，与探望者互动，处理紧急医疗状况，总之，她们是待在病房里，并与自己的病人保持一种密切的照料关系。年轻护士的病房却是极少亲身实践的，一天中很少有护士出现在病房里。偶尔查房，且感觉是不得已而为之。她们看起来像是与顾客打交道，而不是为自己的病人服务。而当她们描述自己的护理工作时，我们已经看到，有一种强烈的受挫感。实践中她们与希望照顾的病人之间，建立了一种与原先想象的很不一样的关系。

博纳黛特·墨菲（Bernadette Murphy）是一位愿意谈论这些变化，并愿意将她的观点公之于众的护士，今年 38 岁，在伦敦萨顿区的一家社区医院做护士。她说：

护理行业现在正为后继无人而苦苦挣扎，因为女性的态度已经发生了巨大的变化。当我 1984 年开始接受培训时，社会并不期望女性走出家门并拥

---

① 指进入作为研究场所的医院。——译注

② 弗兰克·弗里迪，1947 年生，匈牙利人，英国肯特大学社会学教授，以研究恐惧的文化机制而闻名。原文有误，应为 Frank Furedi。——译注

有一份职业。今天，几乎我所有的朋友都有工作。当还有很多更具吸引力、更高薪水的职业可供选择时，人们并不想进入护理这样的行业，这没什么可惊讶的。

　　通过护理工作过上一种相当体面的生活是有可能的，但如果这样想过上体面的生活，你不得不为在官僚体制中的晋升而奋斗。那时，这将让你不能再与病人一对一地接触，而这又恰恰是你为什么进入这一行业的最重要的原因。你得忍受行政工作以及堆积如山的文书工作。（Doward & Reilly，2003，p.7）

　　这些护士有关公共服务改革带来各种后果的表述，与前面一章中提到的贝利的例子是如此的相似，也与其他有关各种专业机构以及职业人士的大量报道相似。她们中也有人会不禁质疑：改革若是如此有目共睹地适得其反，那到底又意味着什么？提出类似"他们真的想把英国国家医疗保障系统搞好吗？"问题的护士，正沿着其他专业人员也在追求的路线行走。管理医院，是通过"恐惧文化"和医院排行榜，以及绩效指标和对绩效表现不佳者的"责难和羞辱"来进行的，这是一种奇怪的策略。如果它是成功的，那为何竞争性更强的商业管理部门，却不采用这样的管理体制呢？在商业组织中，就像我们说过的，似乎更强调"自由市场"、自由行动和放权。确实有人承诺说绩效好的医院，会从微观管理和极端的管理控制中解放出来，但我们面临着一个让我们困惑不已的问题，这一问题针对的不仅是医疗服务体系的一般工作人员，也包括其中的职业精英——他们开始产生疑虑。正如那位护士所言："他们真的想把英国国家医疗保障系统搞好吗？"或者是，正如在铁路部门等许多其他行业所发生的那样，政府部门的人，是否更愿意将这个公共服务系统转交给市场化运作的公司来代理？

　　最近一个关于英国国家医疗保障系统护士的研究表明，职业理想破灭和职业功能失灵的现象十分明显。金·卡萨德（Kim Catheside）发现，改革正在改变专业主义的模式。她对英国国家医疗保障系统的评价是：

现代护理业是一项危及健康的行业，那些接受过去主流的 TLC（亲切 tender、关爱 loving、照顾 care——对于负责任的职业使命感的概括）训练的护理人员，都已要么退休要么辞职，而新的护理人员群体却未受到良好的培训，并缺乏积极性，不具耐心，而且似乎是在她们的工作疏忽中谋杀病人而不是治愈病人。（Arnold，2001，p. 12）

在这一由上述改革导致的功能失灵背后，形成了一个意见群体，对这些改革行动的理论依据提出了质疑。这个高贵而温和的团体——英国医学会（The British Medical Association）中的专业领袖，声称政府的改革正在"改变英国国家医疗保障系统的性质，通过将它从治疗病人的一个组织变成病人购买医疗服务的机构①"。（Carvel，2003）[2] 这里体现了对护士所表达的最忧虑问题的一种回应——这些护士看到与病人的关系发生了变化，而这使她们遭受到惩罚，危害到照料者和被照料者双方。

英国医学会主席詹姆斯·约翰逊（James Johnson）先生认为，政府针对公共医疗服务制订长期计划的第一个标志就是提出了一个议案：将 25 万项手术从英国国家医疗保障系统转移到"由跨国医疗公司经营的私人治疗中心"。这些转移交易总额是 20 亿英镑。约翰逊论述道，可以"预料"的是，这些私人治疗中心将对状况最不错的病人实施最简单的手术，而将更复杂的手术留给英国国家医疗保障系统。事实上，这是对私立学校的一个引人瞩目的模仿。私立学校接收最好的生源，用更好的教学设施，有更高的师生比，并与使用者合谋，造成公立学校日薄西山日益衰败的印象。因此，约翰逊总结道，医疗卫生服务方面的这些变化，必将导致对英国国家医疗保障系统手术费用更昂贵的谴责。他的见解入木三分："英国国家医疗保障系统似乎是为失败而建的。"（Carvel，2003）[2]

年轻护士对医疗改革的回应，很大程度上，在反对教育改革的年轻教师身上重复。许多教师反复唠叨着同样的抱怨。一位名叫卡梅尔·菲茨西蒙斯

---

① 个体通过纳税和医疗服务出资者政府形成契约关系。——译注

（Carmel Fitzsimons）的教师，顺利通过教师资格考试，但培训期间看了实施中的改革后，认为自己不能面对成为一个教师的事实。她的使命感和奉献精神本是来自这样一种信念：将教学视作一种创造性的、富有同情心的、有责任感的职业——事实上，这一想法是世代从事教师职业的女性（或男性）的信念。拥有一种"使命感"是最重要的意识，这种意识使他们能怀揣"梦想"，奉献于社会奉献于学生的人生，因而能够忍受报酬的微薄和社会地位的低下。改革却彻底毁掉了这些崇高的希望和鲜活的梦想。

于是，她决定不再去追梦，不再从事教育。她走得更远，在英国一家主流教育报刊上发表了一篇题为《我退出》的文章，谈为什么。这是一篇反响强烈、观点鲜明的檄文。她写道："我并不认为教师没有创造力——但他们的创造力正被官僚制度和文牍主义的齿轮所碾碎。"（Hewitt & Fitzsimons，2001，p. 2）令我们深思的是，她认为自己想要从事的教学应是一份富有创造性、有革新精神、能运用聪明才智、使人积极向上的职业工作。就此说来，她是一个楷模，代表着创造性，代表着富有担当精神的职业人士，也正是这种人，能在这个富于挑战的时代推动教学前进。正如我之后将会论述的那样，这样的楷模，在任何职业工作的复兴中，都起着决定性的作用，因此，损失如此聪明的一位年轻女性，需要我们去好好反思。

她继续具体描述了官僚制度和改革计划是如何导致自己的决定的：

举例来说，每堂课老师都被要求准备好对前一堂课评价的材料，他们必须对提到的问题做出反思。接着他们必须准备一堂课的教学计划——基于课程的长期、中期和短期目标，并且在课堂上展开教学活动。他们必须写出对课程如何进行的一个评价，并评估每个孩子学习的进步情况。这就意味着一天五堂课每天就有五份材料。加上对每个孩子的个人记录、阅读记录、学校旅游费用的收集等，你会开始怀疑你是否还有多余的时间去拿你忘在操场上的外套。（Hewitt & Fitzsimons，2001，p. 2）

吉姆·罗伯茨（Jim Roberts）是一位 40 岁出头，在英国南海岸苏塞克斯郡一所综合中学工作的教师。我花了很多时间采访他，并且在去年，确确实实只专访他一个人。他是一位天赋很高的教师，是教师行业中的能手。他聪明（拥有教育学博士学位），也很有雄心壮志。总之，他是一个关怀职业主义的"排头兵"，把为学生提供高质量的教育作为自己的努力目标。

在我们的谈话之初，他承认教学工作是"他的生命"。20 世纪 80 年代和 90 年代早期，他刚做教师的那几年，与自己所教的学生之间关系非常亲密。

我着手了解他们，着手了解他们的父母，真正融入那个团体并无条件地喜欢它。基本上，我做所有我能做的事，而这看起来并不像工作——感觉更像我欣然期待着真正融化于其中——接着，事情开始发生了变化。

他继续道："在 80 年代末 90 年代初时，已经有一定程度的开放了，在我看来，前景更加险恶。"我问他是什么意思，刚开始他谈到自己的生理身体反应："身心疲惫，改革一个接着一个……那是如此的难以名状。那段时间经常晚上失眠，因为我是如此的愤怒。"没有回旋余地的"轰轰烈烈从上而下"的教育变革的轰鸣，将他击垮了：

我对它真的有点敌视，因为我得出这样的结论：我所做的一切，都是支持我试着去挑战或颠覆那个系统的。到头来，你却处在一个支持它的模式中。我并不是说，我已经变成某种不能独立思考的人、某种不能走出去的人、某种不能变通的人，但是我所工作的环境，以及我所服务的人，却是旨在做这种工作的，这样的事实基本上是弄巧成拙的，因为它太强有力了。一种头脑，一种思想……这就是很多人所描述的技术理性主义。如何来衡量它，如何能使它生效？这里存在着对教师的无视。至于我能告诉你的，并且很明显，我已经正面这种无视了，我看到对教师的无视——而不是无视孩子，因为他们认为自己是代表孩子才这么做的，他们认为自己是代表"顾客"才这么做的（在一些会议上，我们被要求称学生为顾客，这让我觉得恶心）。因此关于教育市场化的整件事情就摆在我面前，不管我说什么或做什么，或者我与哪个群体合作，我们所能坚持做的就是，将那个反对市场的声音解释清楚……

　　这种消沉和泄气，已经逐渐削弱了吉姆的职业主义意识和人生使命感。他注意到了其他同事是如何被对待（或被虐待）以及他们的反应。有时，他被自己所说所谈的内容感动得泪流满面。以下内容是访谈的一部分。

　　是那些多年共事的受伤者将你击垮的：那些你曾经与之工作过但再也不能一起工作的人的面孔，那些健康被损害了的故事，那些离开了这一行业的好人优秀的人——那些不是你认为要离开的人——的故事，那些我自己部门的人的故事，那些想换一种新的活法的同事的故事。比如，我刚到一个新的部门——这是我在这个学校的第三年——而一个同事，他是一个雕刻家，对这个学校真的厌恶。他厌恶各种项目计划，厌恶改革，厌恶绩效管理。在我第一次与他会面时，我们坐下来，我问他："你定的目标是什么？"他回答说："托尼①，我再也受不了了，我不想定什么目标，我管它什么绩效管理，从明年9月起我就不在这里工作了，所以学校可以爱怎么定就怎么定。"
　　他多大年纪了？
　　他过40岁了，43岁、44岁的样子吧。我说："菲尔，这一点，我和你的同事百分之百支持你。如果你打算待在这里，我们能够做些什么？我们是否可以想想你是一个'住校艺术教育家'？"一切都可以围绕"让我们有一个所谓的'住校艺术家'做点文章"。我们谈论了我们怎样可以给他停课一段时间，以让他……做作为一个艺术家所应做的事，怎样可以让他在课表上有一些作为住校艺术家的时间。我去跟校长谈，她说："很感兴趣，我需要这些想法。它会花我多少钱呢？对教师的影响会是什么呢？他们会怎么看这件事呢？如果我们同意了我们该如何告诉大家呢？"所以，我们在这件事上

---

　　①　指吉姆。——译注

费了很多劲，她最终同意了——她在最后的时刻，承认了人文的价值，因此从任何意义上说，她都是一个伟大的女性。所以，我基本上给他提供了一整套的方案，希望能够重新给他动力。他决定做兼职，并且你看到，我的意思是说，他真的很感谢这份工作，这是我们一起努力得到的。

但是，总的来说，他退出了吧？

总的说来，他退出了一只脚。他现在一周工作三天。基本上，他是这样考虑一周时间的：两天工作，两天休息，两天工作，而周末他是为他自己工作的。他得到了一个刚刚建成的工作室。他已经办过三次个展了。他现在在路易斯（Lewes）① 工作，并且为他能做一个艺术家而心满意足。

对你来说那又意味着什么呢？那怎么……

我很羡慕他，因为我看到有人现在又能够独立而自信地工作了。他在自己身上找到了更大的快乐，他与校外的那些喜欢他的作品、喜欢和他一起策划的人联系密切，因此他现在在课堂上表现得更好。他正在考虑明年搞他的下一个展览……它不是被谁挑选出来的。他几乎不出版自己的作品。呃，你知道，这不是我在做的工作，而是我跟你讲了你也跟我谈了的我所想要做的工作，所以……我认为，他已经找到他想做的事情，并且他能够做的事情。他在弗里德弗瑞德开设了写生课……当我今晚离开这里时，他正在上一门写生课，而这在两年前他是不愿做的，因为他那时心灰意冷——你知道，他认为已经受够了，他想回家，和他妻子待在一起。

发生了什么？是什么样的自由让他重新恢复了活力？他摆脱了什么？是什么改变了他？

他感觉他所做的工作体现了一种兼职文化。兼职文化是很不一样的：不再有一群人去管他，他不再需要花整个早上去交各种愚蠢的报告。他的责任已经改变了。他现在不用再去交那些告诉我们，十年级各班的总目标是什么、各阶段的目标应该是什么、各小目标又应该是什么的报告了。

---

① 苏塞克斯郡艺术家聚居的小镇。——译注

　　当反思这样一个在自己好友身上发生的"逃跑的故事"时，吉姆意识到自己也是勉强的，极其勉强的，他不断质疑自己能否坚持下去。"我的意思是说，我要回家，我一直在思考我能这样继续坚持下去吗？我还能再干下去吗？"吉姆看似正在走向一种决定，一种在很大程度上是与自己的各种期待相反的决定。而且这是一种很情绪化的决定，这一决定会结束我们长时间的谈话，我确实让他觉得直面问题是很痛苦的。"我已经作了决定。我再也不想在那个学校待下去。我不喜欢在中学工作。"

　　为什么呢？

　　因为我真的很难过。优秀教师的离开，我真的很难过——你能理解吗？……我看着人被毁掉，你知道……（停顿，明显很激动）

　　我知道，这是一件很伤感情的事情……

　　是的。

　　我的意思是，假如……你还看见谁被毁掉了，我的意思是……

　　长期生病。病愈回来后尝试着去应付。早晨号响大哭因为他们无法去上第一堂公开课（a cover lesson）（如果是别的日子估计不会让他们烦心）。因为他们已经有如此之多的事情要做……大家彼此争斗，这种争斗并不按常规。教师互相撒气，教师拿学生撒气。学生很不快乐，课程内容不适合他们。

　　我们能……我的意思是，托尼，那时注意到的问题，比如对于教学这种很有压力的职业而言，这种情况是否是地方性的？在什么程度上这些教师（正在）被毁掉？——当我们交谈时，那个使你想哭的，是变革和改革带来的新环境吗？这个问题是我试图……

　　那是异化，那是一种分离。他们被分离出来，远离了他们所在意的东西。因为那些官僚主义由上而下纷至沓来的事情……对他们而言并不真正有意义——他们不承认这些事，他们不创造这些事，在创造它们或修改这些事时，他们并不起作用。

　　但是正是这个东西正在毁掉他们吗？

是的……是，的确是它。和教师的重构有关，并且作为教师重构的一部分——那种想法，那种认为教师通过目标设定、各种指标设定、绩效管理获得重新改造的想法，那是一场屠杀，一场真正的屠杀！教师无法应对它，因为那不是属于他们的。他们不知道那是什么，他们只知道它只是评定的另一种形式。那些学校的管理人员认识不到问题的根源所在，因为他们不理解这一点！他们不理解……

结果，我发现吉姆身陷于迫在眉睫的危机感、绝望感和一息尚存的希望之间，他自己也正忍受着他所目睹的如此众多的其他人所不得不面对的、相似的身体症状。记住这是一个富有专业智慧、经验和同情心的壮年人，一个若是在管理有方的公共教育体系中本可大有作为的人。

我想我正在接近健康所不能承受的极限。如果我做现在的工作，以我现在做事的态度，伴随着我最近这些年得的病——我曾是健康、健壮的——我的意思是，不要忘记我曾告诉过你我在学校每晚都工作，我在一个俱乐部里与一些学生打乒乓球，而第二天我在学校还是精神抖擞的。

现在呢？

现在的确是，有时，偏头痛、恶心、胃痛、焦虑。想方设法应付着官僚主义，想方设法不跟着它屁股后面转，这样它才不会把你打垮或奴役你。你知道，它正在付出它的代价，如果我继续以这种方式工作，我不认为我能再如此工作另一个20年。

面对恶评如潮的改革，以及完全改变了他值得自豪的工作、削弱了他职业使命感的那些由上面发起的各种政策工程，在最后一次访谈的结尾，托尼试图总结他的挫折感和一直渴望的期待。我问他，是否还有一些结论性的话要说，他回答道："我觉得我现在已经哭得够多的了——我没有意识到我是如此的激动！"

你很感兴趣，不是吗？

是的。

为什么你认为那值得你感兴趣呢？

因为当你在一个房间里，和一个能谈得来的人像这样反思问题，不是很有趣吗？我虽然并不能告诉你所有的故事，但我看见那些面孔，我能描绘出那些伤害、愤怒、焦虑、压力和挫折。那并不仅限于教师，你知道吗？它也以孩子对待彼此以及对待我们的方式表现出来。我们必须要去抗争！我们要将抗争坚持下去！因为那就是狗屎！

即使现在，吉姆懂得一种具有崇高使命感的教学是什么，以及知道为什么他如此想坚持。他要与各种目标、测验、表格等没有生命的东西一直战斗下去。

有一种教育目的，我不想看到它被毁掉。有一些了不起的教师，有一些了不起的学生，他们在做着了不起的工作，而我想让他们有选择，有使命感，有机会，有社会流动的自由，有一种共同体的参与感——一种他们拥有这片土地的文化的意识。如果你用一种存在主义的观点看它的话，正是它赋予了我生命的意义。我们为我们的生命发现和创造意义，而教育就是希望所在。

第八章　学校教育、课程、
叙事与社会的未来

鲍曼（Zygmun Baumann）在自己最近的一本谈教育的书里，提请注意玛格丽特·米德（Margaret Mead）和她的挚友格雷戈里·贝特森（Gregory Bateson）的著作。米德写道：

一个社会的社会结构和学习的方式是结构性的——从母亲传递给女儿，从父亲传递给儿子，从舅舅传递给外甥，从萨满传递给新信徒，从神话性的专家传递给解释性的专家——事先决定了的东西远远多于学习的实际内容，包括个体学习如何思考，以及作为各种各样技术与知识总和的知识存储……如何共享如何使用。（Margaret Mead，1964）[79]

格雷戈里·贝特森也写了一些有关学习的精彩文章。在他的分析中，学习被分成三种既相互关联又有区别的类型，第一种是基础学习（the primary learning），即内容的"第一级学习"（first-degree learning），其正式课程的学习采用的是口耳相传。

第二种是"第二级学习"（deutero learning），我们可以称之为二级学习（secondary learning），即一种看不见的过程，学习如何学习。鲍曼认为二级学习"较少依赖于学习者的勤奋和才能以及他们老师的能力和关照，而较多地依赖于学长们快乐痛苦于其中、生活于其中的世界的性质"（Baumann，2001，p. 24）。

　　第三种是"第三级学习"（tertiary learning），他归结为学习"如何打破常规，如何将碎片化的经验重新整合进以前不熟悉的模式中"（Baumann，2001，p.125）。第三级学习是有关生存的学习，用不上习惯，用不上常规化的学习结果，它超越了课程中的那些预先安排好确定好了的东西，转向我们自己对课程的界定、占有以及持续不断的叙事。

　　评价这三种学习类型，首先应该强调当下课程和教育研究普遍存在的危机。课程开发和课程研究的旧模式，已完全不能适应我们现在生活的这个新的、充满风险、不稳定、快速变迁的社会。这些旧模式是受限于基础学习和确定好了的东西的。鲍曼写道：

　　我认为，类似教育哲学家、理论家和实践工作者所体验到的那种无法抵抗的危机感……与专业教师的缺陷、错误、疏忽或者教育理论的失败无关，伴随着自我认同的自由比、私人化而出现的自我认同的全球性消解有关——各种各样的型构过程、权威的消弭、信息的多元化以及随之引起的表征我们所生存世界的生活的碎片化。（Baumann，2001，p.127）

　　由此，鲍曼清醒地认识到，课程和教育所面临的危机不是一个内在的问题，一个实践或研究失败的问题，而是一个有关位置身份的更为宏观的问题：人，在此比如是课程中的人，为位置的错误去寻找各种解决的途径。

　　比起为学校制定许多新的政策规定、新的课程或新的改革指南，更重要的是去质疑在一个流动、变化的世界中预先安排好确定好了的东西之有效性。我们需要尽快从作为钦定课程①（curriculum as prescription）向作为身份叙事的课程（curriculum as identity narration）转变，从应用性的认知学习向生命管理的叙事学习（life management narrative learning）转变。这一转变是我在本章中试图展现的。首先，我将分析钦定课程所体现出来的明显不足；其次，我将尝试描述向作为一种叙事课程的转变，我相信这将标志着通

———————————

①　指一种由权力机构制定的课程。——译注

往我们崭新社会的未来之路。

首先，众多的实践工作者和研究者的种种话语，是建立在钦定课程所确立、所定下基调的实践平台之上的。即使在课程文献中匆匆一瞥我们也能体会到钦定课程之观念的优越。这种课程的观点从一种观念中发展而来，即认为我们能冷静客观地界定研究过程的主要要素，进而按照系统的前后顺序，教授不同的部分和体系。这种观念显然过于简单，但这并非是说这种"目标游戏"远未成熟。尽管如此，即便这"不是城里唯一的游戏"，也一定是主要的游戏。或许可以找到许多的理由去说明这一观念的优越地位为何一直无法撼动，但我认为，其解释力，并非是这些理由中的一个。

钦定课程使得国家教育和社会所具有的那种重要的神秘感成为可能。绝大多数的钦定课程明确支撑着这样一种神秘的感觉，即专业知识和控制，掌握在中央政府、教育机构或大学共同体之手中。若无人揭开这一神秘面纱，"政策取向"的世界和"学校教育的实践取向"的世界就可以共存，双方都能从这种和平共处中获益。只要钦定课程行为主体和学校遵循这一规则，行为主体就被看作"正常"，学校则被视为是教学功能顺畅并且能争取到高度的自治。由此，课程政策设定了一套固定的参照指标，而只要不挑战政策取向和管理的原则，违反和偶然的超越，是被默许的。

当然，接受政策取向的逻辑会付出"合谋成本"，毕竟这意味着对权力关系之各种已经确立的模式的承认。或许最为重要的是，那些与课程、学校教育的日常社会建构联系密切的人——教师，在"学校教育话语"中被彻底剥夺了公民权。为了保证生存，他们的日常权利，必须原则上不言说不记录。这就是合谋的代价。学校、教师的日常权利和自主性，都只有在对这一基本谎言默默承认的前提下，才有一丁点的可能。

在课程研究方面，"合谋成本"最终是灾难性的。我们业已描述过的那个历史性妥协，导致了整个研究领域的错位，导致了将研究经费提供给了那些为中央和（或）官僚的控制神秘性服务的领域。对于那些从维护这一神秘中获利的学者——尤其是大学中那些学者——来说，这一合谋至少可以说是肥私利己的。（更多的相关讨论参见 Goodson，2005）

政策制定和权力的确立很容易结盟。正如我在《课程的建构》（*The Making of Curriculum*）（Goodson，1995）一书中所论证的，课程基本上是这样一种概念，它的发明，乃是为了指导和控制教师的资格以及教师在教室中的个人能动的自由。一直以来，政策制定和权力的联盟得到了精心的呵护，课程因此成为一个社会再生产原有权力关系的装置。有权阶层、富有阶层的子女，就能享受课程的包容，而弱势群体的子女，则只能承受课程排斥的伤害。正如布迪厄曾经论证的，一个父亲或母亲的"文化资本"，以这种方式，能有效地为其还是学生的子女买到成功。（Bourdieu & Passeron，2000）

为了说明钦定课程是如何以一种有力的、潜在的方式起着排斥而不是包容的作用，让我以英国"新工党"政府来举例说明。这应该一直是一个对社会包容表现出各种承诺的政府，而这样的承诺也确实存在于政府的政策原则中。

自1997年的选举，"新工党"政府公开承诺将"教育、教育、教育"列为重点，在全国范围内引起了对扩大社会包容的关注。考虑到英国社会不平等模式运行得如此完美（也捍卫得如此完美），这从未是一项简单的工作。然而最近，教育部部长鲁丝·凯利（Ruth Kelly）在发言中已经开始承认扩大社会包容运动在根本上是失败的。新工党的政策实际上好像扩大了业已存在的社会排斥而不是社会包容。2005年7月26日，在对新工党智囊团——公共政策研究所的发言中，她说道：

富人和穷人在国家课程考试成绩和大学入学率方面的鸿沟不断扩大，我们必须严肃对待这一问题（尽管我们已尽了最大的努力）：父母在2004年仍旧像在1998年那样影响子女的成绩。（Richard Game，2005，p. 17）

在这个声明中，最关键的短语是"尽管我们已尽了最大的努力"。如果再看一遍这个报告的话，应该就能提出我们的质疑。当她承认"父母在2004年仍旧像在1998年那样影响子女的成绩"时，她的数据实际上显示了新工党政策是扩大了富人和穷人之间的教育成就之鸿沟，而不是相反。这并不是"尽管我们尽了最大的努力"的结果，而可能恰恰是"因为我们尽了最大的努力"的结果。数据显示，新工党政策并不有助于社会包容，而是实际上加深了社会排斥。

现在对新工党政策的一种愤世嫉俗的解读，可能认为这个政府通过悄无声息的行为，践行了完美的社会排斥政策。我并不支持这一观点。相反地，我想，我们拥有一个这样的政府，它有着将实现社会包容视为一种基督教的、一种慈善的职责之良好动机。政府中的一些头面人物以及他们的智囊和文职雇员的受教育背景使他们相信，社会包容乃是一个将精英教育范畴更为广泛地普及化的过程。他们忘记了作为精英的成员，他们的教育经历是建立在对其他社会成员的社会排斥基础上的。对于他们而言，所谓的教育，是以排斥大多数人的代价而为少数人设计的。

结果，他们很可能无意识地运用建立在排斥的牢固基础之上的教育政策，去试图实现社会包容。这并不像某个有见地的教育研究读本所暗示的那样不合逻辑。我们大多数人将"教育"等同于我们自己的受教育经历，并且我们接受"既定"（givens）的基本教育现象，如"传统的"学校科目或者各种"学术性"考试。这些是被广泛接受的"学校教育的逻辑"的一部分。一个门外汉的观点可能是，既然"这些等同于好的学校教育"，那我们就应该尽量让更多的学生接受这种教育，这样我们就将实现社会包容。这看起来似乎是一种常识，它也确实是新工党采用的方法，但事实上，实际情况更为复杂甚至相互矛盾。我们需要了解一些学校教育的历史，以便发现为什么新工党在追求社会包容时跑得如此之远如此之快，以至于进入了社会排斥的死胡同。

为了描绘出学校教育历史中的一个部分，我想引述我最近约30年来所做的研究，它们也试图回答这一问题：为什么社会包容和"人人平等的教育"（fair education for all）一直看上去像是如此地在排斥？宏观地说，这些研究所体现的是，许多传统课程所划定的学校教育的区隔，其自身是一种社会排斥的装置而不是社会包容的装置。下面让我以每个学校都天经地义"开设"的"传统学校科目"为例来做一番解释。

排斥性的追求：学校科目的发明

让我们从一门学校科目——科学（science）之发明过程的一个片段开始。我选择这个例子，是为了展示得到承认、由此变成"传统"学校科目知识与不被承认的学校科目知识之间的关系。这是学校知识和社会强势利益群体之间相互影响的交汇处。对学校科目，不能以一种超越利益的学术性方式来定义，而应意识到其定义与权力以及社会群体的利益紧密相关。一个社会群体的权力越大，他们越可能将权力施用于学校知识中。

在《为大众的科学》（*Science for the People*）一书中，戴维·莱顿（David Layton）描述了学校科学课程发展初期的一个运动，称为"日常生活的科学"。这是一个扩大社会包容的较早尝试，它将科学课程与普通学生对自然世界、他们的家庭、日常活动和工作等方面的体验联系在了一起。这一课程在主要是为工人阶级孩子设立的小学中普及。莱顿提供的确凿证据，以及在同一时期的政府报告中都表明，"日常生活的科学"在课堂上取得了成功，并且丰富了科学教育。运用于学校知识中的社会包容的成功策略由此占有一席之地。

然而，如果认定这是一个令人满意的进展，那我们可能就大错特错了。几乎与之相反，围绕着学校科学，存在着许多其他的界定。罗特斯勒爵士（Lord Wrottesleys）主持过一个议会委员会，名为英国科学推进协会，这是一个研究最适合上层阶级之科学教育类型的委员会。霍德森认为他们的报告"反映了对一个严峻问题不断增长的意识：科学教育在小学阶段被证明是十分成功的，尤其是考虑到思维技巧的发展，而由于没有为更高阶段的教育进行相应的开发，社会等级秩序正面临着威胁"。（Goodson，1987，p. 36）当考虑到进一步扩大社会包容，罗特斯勒爵士明确表达了他的担忧：

……一个贫穷的男孩一瘸一拐地走向前去回答问题；他又瘸又驼背，他那苍白憔悴的、瘦弱的脸上再清楚不过地诉说着贫穷的故事以及它的后果……但他对于提问给出了如此表达清晰而巧妙的回答，使得一种复杂的感情被唤醒：既感叹孩子的才能，同时又夹杂着一种歉意。在一个阶层社会中，应该在我们最底层阶级中的最底层的那部分人身上，而不是在地位远远高于他们的阶层中的人身上，发现更多的他们对于一般事物感兴趣的东西。

罗特斯勒总结说：

这将是一种不健康的、道德败坏的社会状态，在这种社会状态中，那些相比较而言不具有天赋的人，在智力成就上会高于那些在社会等级上高于他们的人。（Goodson，1987，pp. 36－37）

在罗特斯勒1860年的评论发表之后不久，科学就从小学课程中撤销了。在过了将近20年，科学终于在小学课程中重新出现时，它已经完全不同于日常生活的科学的形式了。一种简化了的纯实验科学的形式开始得到承认，它被视为科学之正确的、"传统的"版本，这种版本一直到现在也没有遭受很大的挑战。学校科目看起来似乎是不得不发展出一种能被社会"较高等级"接受的形式——成为一种社会包容机制，本质上意味着是不把它自身推荐给较高等级的人的，因为他们的地位正是依赖于社会排斥的。自此之后，学校科目本身不仅仅是"被接受的"、"既定的"、"传统的"，而且在其学术形式上，必然也是一种社会排斥装置。

一个世纪左右的时间转瞬即逝，我开始研究的一个新科目"环境学习"，正如日常生活的科学一样，它一开始是一门劳动阶层包容性的科目，之后便慢慢开始追求成为"一门真正科目"。在《学校科目和课程变化》一书中，我揭示了这门适应于综合学校并且具有真正包容力的新科目，是如何被体制性地排斥在成为一门影响广泛的 A 层次"学术性"科目途径之外的。（Goodson，1993）在英国，只有当一门科目被作为"学术性"接受时，它才能被作为一门具有较高地位的"真正科目"而得到各种资源。

"学术性"科目的等级地位实际上体现了一种与社会等级体系、与社会排斥相联系的学科科目历史。学术性科目的支配地位可以追溯到 20 世纪初，有关在新的中学教育中哪些科目应该作为重点的争论。1904 年，政府的《中等教育法规》将胜利判给了公学和文法学校的教育和学校科目。由于这类学校从不为超过 20% 的学生提供服务，因此学校科目是明确建立在社会排斥的基础上的。实际上，位于"底部"的 80% 的学生是被牺牲掉的，位于顶部 20% 的学生则通过"学术性传统"的优先权而得到了提升。当时有关 1904 年法规的评论认为，以学术性科目为中心的课程是"附属于文学教学的，这种教学是学术性文化的标志，但对于那些地方权威部门应该主要为之关心的阶级并没有实际效用"。

在综合学校里，当新的课程改革发展出新的科目分类，如环境学习、社区学习、城市研究、妇女研究和社会研究等，学术性传统的控制力依旧存在，并有效地阻碍了其他科目传统——这些科目传统存在于强调可能促进社会包容的职业传统和教育学传统的学科科目中——的发展。成为一门学校科目的过程就是清除含有包容特征的科目知识的过程。莱顿通过他对传统科目演化过程的概括，展示了这种排斥的作用。在第一阶段：

羽毛未丰的入侵者在课程表上打下自己的桩，以适当的、有用的这些概念来表示自己存在的合理性。这一阶段，学生们由于这种科目与自己感兴趣的东西有关而被其吸引。教师们很少是受过专业训练的专才，但对他们的工作却带着一种开拓者传教式的热情。其主要标准是是否适合于学生们的需要与兴趣。

在作为过渡期的第二阶段：

随着许多受过训练的专家的出现，许多教师可能也招自这些专家，而且形成了此科目的学术研究传统。学生依然为科目所吸引，但除了因为与他们的问题与兴趣有关以外，还由于该科目的声望与学术地位的与日俱增。在科目内容的选择和组织方面，科目的内在逻辑和训练产生越来越大的影响。

在最后一个阶段：

教师现在组成了一个具有完善章程与理念的职业团体。科目内容的选择，广义地说，由那些本领域内领导学术研究的专家的判断和实践所决定。学生为传统所同化，他们的态度近似消极与服从，是一种觉醒的前奏。（Layton，1972，p.9）

在我们英国学校中，"学术性"科目的中心地位是受到庇护的，因此它是一种社会优先和社会排斥的内在模式。以上概括的这个过程，清楚地展示了学校科目群体试图逐渐从与社会的关联或对职业的强调中转移出来。中等学校中的高地位科目，倾向于关注抽象的理论知识，远离学习者日常工作或生活的世界。在我们的学校体系中，主要的资源是流向这些高地位的学术性科目的：更高学历的教师、相当程度的第六学级升学率[①]（the favourable sixth form ratios）以及被认为最优秀的学生。这种联系现在正被新工党有关目标、测验和排行榜的改革所强化。建立在追求排斥基础上的社会优先权的模式，以这种方式发现自己正处于社会包容计划的核心。这样的一个核心冲突以及一系列无意识或不假思索地继承下来的其他排斥机制，共同促成了新工党旨在促进社会包容的政策最终失败的悲惨命运。我们迫切希望下一步政策制定时，至少能够咨询和考虑到这一领域的教育研究成果。

学术性学校科目稳固的优先地位有效地扼杀了在综合中学中发展一个更具包容性的课程的种种新尝试。这个社会优先权的模式最终在1988年施行的新"国家课程"中得以确立。新的国家课程几乎完全重建了1904年的中等教育法规——"公学和文法学校课程"被重新牢固地设置。科目知识的模式建立在选择性排斥的基础上，成了综合中学中所提供的课程之关键。

---

① 第六学级是英国教育体制中的升学预备班。

这个分层和排斥的领域现在开始掺进了新工党政府竭力鼓吹的社会包容和使命般的道德。他们关心的是强化目标、测验和排行榜的宣传，而他们甚至从未质疑过排斥的基础，但他们的政策正是建立在这一基础之上的。在英国，有一些研究者在学校科目史领域以及上述的各种教育模式的研究领域是世界一流的，但是他们中任何一位都未曾被政府邀去咨询。政府在追求社会包容方面运用的却是各种各样的性能良好的排斥装置。其结果正如鲁丝·凯利（Ruth Kelly）等人详细提到的那样：推进社会包容的宣言却导致了进一步扩大社会排斥的后果。

钦定课程和强势利益群体由此被捆绑在一个强有力的历史性的合伙关系中，这种合伙关系在最基础的层面为课程搭建了一套结构，并有效地破坏了任何想要从它面前通过的创新或改革。各种政策为学校教育划定了清晰的"游戏规则"，资金和资源都是与这些规则相挂钩的。伴随着对一丁点的荣誉的向往，课程研究也倾向于遵从这个"游戏规则"，它承认钦定课程乃是它的出发点，甚至在倡导抵抗和转型的不同寻常的研究案例中也是如此。但是现在已经看到了一些希望，其理由是，虽然课程的各种游戏规则以及社会秩序的各种再生产规则得到了牢固的确立，但是更广泛意义上的社会秩序和游戏的相关规则却正在经历地动山摇般的变革。这将以一种虽然无法预测但却是决定性的方式动摇权力和政策之间亲密无间的同盟关系。课程游戏正是要经历一场摧毁性的，但经常看起来无法预料将来会是什么样子的变革。

在弹性工作组织（flexible work organization）的新时代，工人们面对的是不可预测并不断变化的工作任务。

从事弹性职业所需要的技术类型，确实是不要求长期的、系统性的学习。更经常的是，这些技术类型将一套逻辑连贯的技术技能，从过去的有价值的东西变为了现在的碍手碍脚的东西。（Bauman，2001，p. 132）

经过很长时间才能建立起来的、强调应用性的学习课程，由此变成了新的弹性工作秩序的一个障碍。政策性的课程或许是提供了社会再生产的剩余模式，但是强有力的经济利益和全球化压力由于面对不断增大的经济衰退，对这种课程的一直存在产生了质疑。鲍曼相当准确地描述了这一困境，他对我们课程的未来也是洞若观火。"在我们弹性不断增大、完全自由化了的劳动市场中，阻止衰败的所有可能性，更不必说对转瞬即逝的未来规划的框架重构了，每时每刻都变得越来越了无希望。"（Baumann，2001，pp. 131 - 132）

因此，学习的"未来规划"，也就是钦定课程，对于弹性工作秩序而言是非常不适宜的——根据这一分析，它注定要失败，并会被新的学习组织形式快速取代。那么，让我们来看一下课程的一些新概念，比如叙事学习（narrative learning），这是一种在许多新的研究项目中开发出来的学习形式。

作为叙事的课程

在这一部分，我想从我目前正在参与的研究课题中举个例子。提出叙事学习问题的，是"学习生涯"研究项目，这是一个长达四年的纵向研究，它旨在加深我们对成人生活中非正式学习之意义和重要性的理解，以及探明能够对成人的学习进行支持和提高的方法。它的资金一部分来自由经济与社会研究委员会（the Economic and Social Research Council）赞助的英国政府"教学与学习"项目。除了非正式学习，这个项目也开始关注我们所谓的"叙事学习"。"叙事学习"是这样一种学习，它的方式是对生活叙述或身份认同的详细制定和不间断的维持。在叙事学习中，出现的主题有历程、探索、梦想——所有这些都是使一种生活使命不断精致化的中心主题。我们已经将这种叙事学习视为人们生活进程中的主要学习方式，同时它要求一种不同的研究和探讨方式，以便理解这种与较为传统的正式和非正式学习相对的学习方式。在叙事学习的研究中，我们正是在这一点上开始发展出"叙事资本"（narrative capital）概念的。

为了解释叙事学习和叙事资本的含义，我想举个例子来说明这种教育的新模式，其假设前提是如何不同于那些把课程认作是政策性东西的学习模式的。

在前面我们曾提到，教育和学习的既有模式是建立在钦定课程之上的，同时与权力和文化资本的现存模式密切相关。对布迪厄而言，文化资本，实际上是符号资本，表征了占统治地位利益群体的那些作为成功学习的证明，即能够被商品化文凭化的方面。(Bourdieu & Passeron，2000) 在英国，文化资本最明显地体现在高地位的公学中，事实上公学是由父母为他们子女教育私人付费的学校。像伊顿和哈罗等学校是文化资本的典型样本，在这类学校中，这一群体的文化统治地位以及学校提供的可利用的社会关系网络，都为学生的学习提供了巨大的文化资本。在社会再生产的传统模式中，拥有文化资本的学生更容易进入社会精英阶层，并与共享相似文化和社会资本模式的人共事。因此，钦定课程，文化、社会资本，以及社会再生产的现有形式，通过教学和教育，形成了维护权力的三角联盟。但鲍曼在他自己的分析中暗示，这种权力现在正面临一个由弹性工作组织组成的新世界的重大挑战。在此，对组织使命或生活叙事进行界定的权力就开始变得十分重要。这一权力在某些时段，甚至在初始阶段，就能削弱文化资本和社会精英意识的旧有模式。

英国保守党的新领导人大卫·卡梅伦 (David Cameron) 的例子，最清楚地显示了从文化资本、符号资本的旧有等级制度向我们可称之为"叙事资本"方面的转变。(Goodson，2005)

老伊顿和老牛津的前几代人的关系网能够为人提供一种权威性叙事，通过这种叙事，能够膨胀其人的政治野心。这种教育的文化资本和符号资本，因此伴随着一条暗含的并非常有力的故事主线而出现。这些学校，传统上生产出了那些占统治地位的人，而其符号资本和社会资本大体上仍完好无损。但卡梅伦开始对建构一个能被接受的生活叙事感到忧心忡忡。在成为领袖之前的、由马丁·边沁 (Martin Bentham) 所作的一次访谈，描述了这种左右为难的境况：

但正如卡梅伦所强调的，并不仅仅是他对娱乐电视节目的喜好才引起对其他人强加于他身上的刻板印象的质疑。他提到了他对史密斯（Smiths）、电台司令（Radiohead）和雪地巡游者（Snow Patrol）等"黑色左翼"乐队音乐的喜爱，这导致了朋友们对他的嘲讽——作为他偏离传统托利党形象的进一步例子，同时，作为影子内阁的一个新近被任命的教育部部长，承认在上学期间做过"各种各样"不检点行为可能是相当轻率的。

然而，最重要的是，他提到使他保持与日常生活紧密联系的，是他代表选民在惠特尼、牛津郡等地的工作，以及与妻子萨曼莎和他们的两个孩子——患了大脑麻痹和癫痫的 3 岁伊凡和 14 个月大的南希共同度过的家庭生活。

在最终解释为什么他拒绝接受对他个人背景的批评之前，他讥讽地说道："我是为了赶时髦才推进的吗？""在政治这类事情里头，我相信应该不管你过去是怎样的，它是你在将来打算促成的事情，我认为这对来自社会所有方面，所有肤色、年龄和种族中的每一个个人来说都是一样的，所以我希望对老伊顿也是如此。"（Bentham，2005，p. 10）

我认为卡梅伦特别提到的是，如果他重新刻画他的生活叙事，"应该不管你过去是怎样的"。换言之，他担心持久、系统的特权之生活经历，将妨碍他努力为自己及其政党创造的叙事，这种叙事里有着对"那些落在后面的人们的真正关心和同情"，在这一叙事中"人们真正想要的是工党的一种实用的、脚踏实地的新面貌"。最后他说："我是太爱赶时髦吗？这与你是什么个人背景真的无关——即使你来自伊顿也是如此。"虽然伊顿或许对文化资本和符号资本有着各种巨大的历史性要求，它所提供的叙事资本显然有些难以呈现和兑现。卡梅伦对这种两难困境坦白直率的评价，很精致地解释了向叙事政治的惊天动地的转变，以及这种转变可能转化为为获取叙事资本而需要的各种新的教育模式。

在"学习生涯"项目中，我们有机会看到生活史是如何能够解释各种学习反应的。我们在这个项目中所做的是，将学习定位为人们对日常生活中的事件做出反应时所采用的一种策略。我们将学习放在整个生活脉络中进行理解的一大优点是，这样我们能够理解人们对学习的投入，因为这关系到人们过好自己的日子。当我们将学习看作对实际事件的反应时，投入就可以被视为理所当然的。如此之多的有关学习的文献，并没有强调这个重要的投入问题，结果学习被看作某种与学习者的需求和兴趣无关的正式任务。因此，如此之多的课程设计是基于应该学什么的预先定义之上的，而没有对学习者的生活状态有任何的理解。结果，如此众多的课程设计遭遇失败，因为学习者完全没有参与。因此将学习看作位于生活史中，就是将学习理解成是情境定义的，同时它也是有历史的——在个人生活故事方面，以及在提供正式学习机会的制度的历史轨迹方面，在共同体的历史以及非正式学习发生的场所方面，它都是有历史的。在变迁的空间方面，我们可以将学习看作对偶发变化的一个反应，如与生病、失业、家庭问题相关的事件，也可以是与学历、退休等更为结构性变化有关的事件。

我们生活史的受访者描述学习的方式，经常雄辩地证明从钦定课程和内容学习的传统模式向一种更为精致的叙事学习概念的转变。下面的一段引文，最终提供了由我们生活史对象之一所给出的对不同学习方式的清晰评价。

嗯，我认为第一件事首先是，在我获得技巧或语言的生涯中，我所完成的、不同类型的学习方式——这牵涉到一些你以前完全不知道，但当学习时你实际上能做的事情，它的确能给你一种被赋予权力的感觉。我认为，那是终身的，一种终身的过程，因为我仍旧在学如何拉小提琴，而且我将一直学到死为止，同时我仍旧对学习新的语言抱有期待，所以那是两件事，那是我知道我将继续做下去的两件事，但愿能有进展。然后，还有学习，有关如何成为一个社会人在某个给定的环境中的学习，像我这种情况是需要的，因为我不得不让自己在不同国家之间进行转换，学习在任何一个既定的空间中，或者你生活的既定空间中，规则是如何起作用的。而且规则会变化，就像变化的球门柱一样，一直在变化，所以你不得不以某些方式转换你的行为。你学到的某些东西，在某个社会里是好的，不管你对它们的认识是多么不同。

那的确是一个过程，一个学习的过程，而且是双重的事情，因为你不仅学习你所在的社会，也学习有关你自身和如何对它作出反应。我以为第三件事情是，学习作为一个人的自己以及你如何，对待生活——怎样成为你所认为的好人、坏人或随便什么人，无论哪种类型的人，你努力，你为之努力，因为你知道，总体而言，那也是一个终身的过程。试着检查你自己的行为和关系，你与这个世界的关系，试着弄清楚为什么事情会发生在你身上，为什么你的反应已经注意到某些东西，环境如何影响你以某种方式作出反应，所以我认为这是一种自我检测，但那可能是学习的第三个层次。我认为那基本上是三件，我脑子里所能想到的三件事。（"学习生涯"访谈，2002 年 11 月 8 日）

　　我们生活故事的对象所定义的叙事学习——"学习成为一个在某种既定环境中的社会人"，学习作为一个人的自己以及学习对一个身份认同项目进行定义，与贝特森所界定的第三种学习概念是相近的。我们正在目睹的课程转型，是从基础学习和钦定课程向第三种学习和作为叙事课程的转变，这一转型将伴随着向弹性经济组织转变的发生而加快。内容取向的钦定课程的情境化惰性，在快速变化的全球化世界秩序中将不再有很长的生命。

　　鲍曼以这种方式来说明这一点："为生活做准备——这是所有教育持久、一贯的工作——必须意味着最先和最主要的是培养日常生活的能力，能从容应对不确定性、矛盾，能与不同的观点和平共处，以及应对那一贯正确、值得信赖的权威的消失。"（Baumann，2001，p. 138）

　　没有比对主流钦定课程自以为是的缺点提出以下警告更好的了：需要的品质是"加强批评和自我批评的能力"，提升人们在一个快速变化的环境中定义和叙述他们生活目的和使命的能力。

　　鲍曼指出："重要的是……在最适合于教育理论家和实践工作者通过白纸黑字的课程内容施展设计和控制权力的教育过程中，这样的品质几乎不可能很好地开发出来。"（Baumann，2001，p. 138）

　　他告诉我们的是，钦定课程以及既定内容的基础学习是一场即将要结束的游戏。他说道："教育哲学和理论面临着崭新的任务，即对一种形成过程进行理论的建构，这种过程不是一开始就由预先设定的目标推演出来的。"（Baumann，2001，p. 139）

我们必须承认，即使钦定课程正在终结，但课程的新时代以及新的社会未来仍旧是一个未知数。在此，对叙事学习和叙事资本的概述，我相信是一种课程新形式说明的开始。我们只是处在起步阶段，它是给予我们希望的开始。我们希望最终我们能够终结居于钦定课程之核心的"根本谎言"。在新的社会未来，我们一定希望课程将会与人们在生活中清楚明白地表述的生活使命、生活激情和生活目的相衔接。那将是一种真正赋权的课程。从主流的政策性的东西和基础学习到叙事赋权和第三种学习的转变，将完全改变我们的教育制度，并将使它们真正兑现帮助改变学生之社会未来的早先承诺。

参 考 文 献

APPLE, M. W. , (1990), *Ideology and Curriculum*, Second Edition, (New York and London: Routledge).

ARNOLD, S. , (2001), Savage Angels, *Observer Review*, 4 February.

ARONOWITZ, S. , & GIROUX, H. ,(1991), *Postmodern Education: Politics, Culture and Social Criticism*, (Minneapolis: University of Minnesota Press).

BAUMAN, Z. , (2001), The Individualized Society, (Polity Cambridge Press).

BELL,(1985), "Agreed Syllabuses of Religious Education Since 1944", In GOODSON, I. F, (ed) *Social Histories of the Secondary Curriculum*, (London and Philadelphia: Falmer Press).

BELL, D. , (1973), *The Coming of Postindustrial Society*, (New York: Basic Books).

BEN-DAVID, T. , & COLLINS, R. , (1966), Social factors in the origins of a new science: The case of psychology, *American Sociological Review*, Vol. 31, No. 4, August.

BENTHAM, M. , (2005), Tories' young pretender insists on a fair chance for all, *The Observer*, 15 May.

BERNARD POWERS, J. , (1992), *The Girl Question: Vocational Education for Young Women in the Progressive Era*, (London, New York and Philadelphia: Falmer Press).

BERNSTEIN, B. , (1971b), "On the Classification and Framing of Educational Knowledge". In M. F. D. Young (ed) *Knowledge and Control*, (London: Collier-Macmillan).

BERNSTEIN, B., (1975), *Class, Codes and Control, Vol. 3, Towards a Theory of Educational Transmissions*, 2nd Edition, (London: Routledge and Kegan Paul).

BERNSTEIN, B., (1971), "On the Classification and Framing of Educational Knowledge", In *Knowledge and Control*, edited by M. F. D. YOUNG, (London: Macmillan).

Bloch, M. N., (1987), "Becoming Scientific and Professional: A Historical Perspective on the Aims and Effects of Early Education". In Popkewitz, T. S, (ed), *The Formation of School Subjects: The Struggle for Creating an American Institution*, (London, New York and Philadelphia: Falmer Press).

Board of Education for the City of London, 1960 – 70, *Minutes of the Board of Education for the City of London*, (London: Board of Education).

BOLI, J., (1989), *New Citizens for a New Society—The Institutional Origins of Mass Schooling in Sweden*, (Oxford: Pergamon Press).

BOURDIEU, P., & PASSERON, J, C., (2000), Reproduction in Education, Society and Culture (2nd ed.), (Sage: London & California).

BROUILLETTE, L., (1996), *The Geology of School Reform: The Successive Restructuring of a School District*, (Albany: SUNY Press).

BURKE, P., (1993), *History and Social Theory*, (Cornell University Press: New York).

BYRNE, E. M., (1974), *Planning and Educational Inequality*, (Slough: N. F. E. R.)

CALLAGHAN, JAMES, (1976), the Rt. Hon. Prime Minister. 18 October 1976. Speech. Ruskin College, Oxford.

CARVEL, J., (2003), BMA warns of future of NHS, *Guardian*, 10 October.

Committee on Aims and Objectives of Education in the Schools of Ontario, 1968, *Living and Learning: The Report of the Committee on Aims and Objectives of Educa-*

tion in the Schools of Ontario, (Toronto: Newton).

COOPER, B., (1985), *Renegotiating Secondary School Mathematics*, (London and Philadelphia: Falmer Press).

CUBAN, L. J., (1984), *How Teachers Taught: Constancy and Change in American Classrooms* 1890 – 1980, (New York: Longman).

CUNNINGHAM, P., (1988), *Curriculum Change in the Primary School since* 1945, (London, New York and Philadelphia: Falmer Press).

DEHLI, K., (1991), "Flexible schooling for skilled work? Economic restructuring and educational policy in Norway and Ontario", paper presented at the conference, *Transition from School to Work*, Toronto, October.

DENZIN, N., (1991), *Images of Postmodern Society: Social Theory & Contemporary Cinema*, (London: Sage).

DEWEY, J., (1915), "Education vs. Trade Training-Dr. Dewey's Reply." *The New Acpaslic*, 3: 42.

DEWEY, J., (1916) *Democracy and Education* 1946: *An Introduction to the Philosophy of Education*, (New York: Macmillan).

D. E. S. 1965. "Organization of Secondary Education" Circular 10/65, (London: HMSO).

DES (Department of Education and Science), (1989), National Curriculum History Group Interim Report, In *The Times Educational Supplement*, 18 August.

DOWARD, J., & REILLY, T., (2003), "Shameful" Pay makes British Women worst off in Europe, *Observer*, 12 October.

FEBVRE, L., (1925), *A Geographical Introduction to History*, (New York: Alfred Knopf).

FINK, D., (2000), *Good Schools/Real Schools: Why School Reform Doesn't Work*, (New York: Teachers College Press).

FISCHER, David Hackett, (1970), *Historians' fallacies: Toward a logic of historical thought*, (New York Harper & Row).

FONTVIEILLE, L., (1990), *Education, Growth & Long Cycles: The Case of France in the 19th & 20th Centuries*, In TORTELLA, G., (ed) Education and Economic development since the Industrial Revolution, (Generalitat Valenciana: Valencia).

FOOTE, M., (2001), Best Foot Goes Ever Forward, *The Observer*, 4 March.

FRANKLIN, B. M., (1985), "The Social Efficiency Movement and Curriculum Change 1939 – 1976". In Goodson, I. F. (ed) *Social Histories of the Secondary Curriculum*, (London and Philadelphia: Falmer Press).

FRANKLIN, B., (1986), *Building the American Community*, (London, New York and Philadelpia: Falmer Press).

FRANKLIN, B., (1987), The First Crusade for Learning Disabilities: *The Movement for the Education of Backward Subjects: The Struggle for Creating an American Institution*, (London, New York and Philadelphia: Falmer Press).

FREEDMAN, K., (1987), "Art Education as Social Production: Culture, Society and Politics in the Formation of Curriculum". In Popkewitz, T. S, (ed) *The Formation of School Subjects: The Struggle for Creating an American Institution*, (London, New York and Philadelphia: Falmer Press).

FREEMAN, C., & LOUÇÃ, (2001), *As Time Goes By: From the Industrial Revolutions to the Information Revolution*, (Oxford & New York: Oxford University Press).

FUKUYAMA, F., (1993), *The End of History and the Last Man*, (London: Penguin Books).

FULLAN, M., (1999), *Change Forces: The Sequel*, (London and Philadelphia: Falmer Press).

FULLAN, M., (2000), The return of large-scale reform, In *The Journal of Educational Change*, Vol. 1, No. 1.

GABOR, A., (1992), After the Pay Revolution, Job Titles Won't Matter, In *The New York Times*, 17 May.

GAME, R. , (2005), Educational Reforms and the Better Off, *The Independent*, 2 June.

GIDDENS, A. , (1991), *Modernity and Self-Identity: Self and Society in the Late Modern Age*, (Stanford, CA: Stanford University Press).

GIDNEY, R. D. , (1999), *From Hope to Harris: The Reshaping of Ontario's Schools*, (Toronto: University of Toronto Press).

GILBERT, V. K. , (1972), *Let Each Become: An Account of the Implementation of the Credit Diploma in the Secondary Schools of Ontario*, (Toronto: Faculty of Education, University of Toronto).

GOODMAN, P. , (1964), *Compulsory Mis-Education*, (New York: Vintage).

GOODSON, I. F. , (1983), *School Subjects and Curriculum Change.* (London: Croom Helm).

GOODSON, I. F. , (1983), "Subjects for study: Aspects of a social history of curriculum", *Journal of Curriculum Studies*, (Autumn).

GOODSON, I. F. , (ed) (1985), *Social Histories of the Secondary Curriculum*, (London and Philadelphia: Falmer Press).

GOODSON, I, F. , (1987) *School Subjects and Curriculum Change*, (Falmer, London, New York and Philadelphia) (Extended and Revised Edn.).

GOODSON, I, F. , (1987) *International Perspectives in Curriculum History*, (ed) (Croom Helm, London, Sydney and Dover, New Hampshire, 1987).

GOODSON, I. F. , (ed) (1988), International *Perspectives in Curriculum History*, (London and New York: Routledge, 2nd Edition).

GOODSON, I. F. , (1990a), Studying Curriculum: Towards a Social Constructionist Perspective', *Journal of Curriculum Studies*, Vol. 22, No. 4, pp. 229 – 312.

GOODSON, I. F. , (1990b), " 'Nations at risk' and 'national curriculum': ideology and identity", *Politics of Education Association Yearbook*, 1990, pp. 219 – 232.

GOODSON, I, F., (1993), (3rd ed.), *School Subjects and Curriculum Change*, (Falmer: London and New York).

GOODSON, I. F., (1994), Schooling *and Curriculum: Studies in Social Construction*, (Open University Press and Teachers College Press).

GOODSON, I, F., (1995), *The Making of Curriculum*, (2nd ed.), (Falmer: London and New York).

GOODSON, I, F., (2005), *Learning, Curriculum and Life Politics*, (Routledge: London and New York).

GOODSON, I., (1994), *Studying Curriculum: Cases and Methods*, (Buckingham: Open University Press).

GOODSON, I., (2003), *Professional Knowledge, Professional Lives: Studies in Education and Change*, (Open University Press, Maidenhead & Philadelphia).

GOODSON, I. F., & ANSTEAD, C. J., (1993), *Through the Schoolhouse Door: Working Papers*, (Toronto: Garamond Press).

GOODSON, I. F., & ANSTEAD, C. J., (1998), Heroic Principals and Structures of Opportunity: Conjuncture at a Vocational High School, *International Journal of Leadership in Education*, Vol. 1, No. 1.

GOODSON, I. F., & BALL, S. J., (1984), *Defining the Curriculum: Histories and Ethnographies*, (London and Philadelphia: Falmer Press).

GOODSON, I. F., (1997), Holding on Together: Conversations with Barry, In P. Sikes and F. Rizvi (eds), *Researching Race and Social Justice Education— Essays in Honour of Barry Troyna*, (Trentham Books, Staffordshire).

GOODSON, I. F., (1998), "Nations at Risk" and "National Curriculum": Ideology and Identity, In I. F. Goodson, with C. J. Anstead and J. M. Mangan (eds) *Subject Knowledge: Readings for the Study of School Subjects*, (London and Philadelphia: Falmer Press).

GOODSON, I. F., (1999), The Educational Researcher as a Public Intellectual, *British Educational Research, Journal*, Vol. 25, No. 3.

GOODSON, I. F. , (2001), Social Histories of Educational Change, *Journal of Educational Change*, Vol. 2, No. 1.

GRANT, G. , (1988), *The World We Created at Hamilton High*, (Cambridge, MA: Harvard University Press).

GUNDEM, B. B. (1988) "The Emergence and Redefining of English for the Common School, 1989 – 1984". In Goodson, I. F. (ed). *International Perspectives in Curriculum History*, London and New York: Routledge.

HAFT, H. , & HOPMANN, S. , (1990), Curriculum Administration as Symbolic Action, In H. Haft and S. Hopmann (eds) *Case Studies in Curriculum Administration History* (London and Washington, DC: Falmer Press).

HAMILTON, D. , (1980), "Adam Smith and the Moral Economy of the Classroom System". *Journal of Curriculum Studies*, 12 (4).

HAMILTON, D. AND GIBBONS, M. , (1980). "Notes on The Origins of the Educational Terms Class and Curriculum". Paper presented at American Educational Research Association, Boston, April.

HARGREAVES, A. & FINK, D. , (2000), The three dimensions of reform. In *Educational Leadership*, Vol. 57, No. 7.

HARGREAVES, A. , (1994), *Changing Teachers, Changing Times: Teachers' Work and Culture in the Postmodern Age*, (London: Cassell; New York: Teachers College Press).

HARGREAVES, A. , (1994), *Changing Teachers, Changing Times: Teachers' Work Culture in the Postmodern Age*, (London: Cassell; New York: Teachers College Press).

HARGREAVES, A. , (2003), *Teaching In The Knowledge Society*, (New York: Teachers' College Press).

HARGREAVES, A. , EARL, L. , MOORE, S. , & MANNING, S. , (2001), *Learning to Change: Teaching Beyond Subjects and Standards*, (San Francisco: Jossey-Bass).

HARVEY, D. , (1989), *The Condition of Post-modernity*, (Oxford: Basil Blackwells).

HEWITT, B. , & FITZSIMONS, C. , (2001), "I quit", *Guardian Education*, 9 January.

HIRST, P. M. , (1967), "The logical and psychological aspects of teaching a subject", in R. S. Peters (ed) *The Concept of Education*, (London: Routledge and Kegan Paul).

HIRST, P. , (1976), *The Educational Implications of Social and Economic Change*, in Schools Council Working Paper No. 12, (London: HMSO).

HIRST, P. M. , & PETERS, R. S. , (1970), *The Logic of Education*, (London: Routledge and Kegan Paul).

History of Education Vol. 27, Issue 3, (1998), in British History of Education Journal.

HOBSBAWM, E. , (1994), *The Age of Extremes*, *The Short Twentieth Century 1914–1991*, (London: Michael Joseph).

HOBSBAWM, E. , 1994, *The Age of Extremes*, (Michael Joseph: London).

HODSON, D. , (1988), "Science Curriculum Change in Victorian England: A Case Study of the Science of Common Things". In Goodson, I. F. , (ed) *International Perspectives in Curriculum History*, (London and New York: Routledge).

HOLMES, E. G. A. , (1912), *What Is and What Might Be*, (London: Constable).

HUDSON, D. , "Science Curricula change in Victorian England: a case study of the science of common things", In I. F. , Goodson (ed.), *International Perspectives in Curriculum History*, London, Croon Helm (1987).

JAMESON, F. , (1992, Feb. 18), Conversation, University of Western Ontario. See especially Jameson, F. (1992), *Postmodernism or, the Cultural Logic of Late Capitalism*, (Durham: Duke University Press).

Journal of Historical Sociology, (1988 to present) (Blackwell Publishing: Oxford &

Malden，MA）．

KENWAY，J.，（1993），*Economizing Education：The Post-Fordist Directions*，（Geelong，Victoria：Deakin University Press）．

KERR，J.，（1971），"The Problem of Curriculum Reform"，in R. Hooper（ed）*The Curriculum Context，Design and Development*，（Edinburgh：Oliver and Boyd），p. 180.

KLIEBARD，H. M.，（1986），*The Struggle for the American Curriculum* 1893 – 1958，（Boston and London：Routledge and Kegan Paul）．

KLIEBARD，H.，& WEGNER，G.，（1987），"Harold Rugg and the Reconstruction of the Social Studies Curriculum：The Treatment of the Great War in his Textbook Series". In Popkewitz，T. S，（ed）*The Formation of School Subjects：The Struggle for Creating an American Institution*，（London，New York and Philadelphia：Falmer Press）．

KONDRATIEV，N.，（1923），Some Controversial Questions Concerning the World Economy and Crisis（Answer to Our Critiques），In L. F. Fontvieille's edition of Kondratiev's works（1992），（Paris：Economica）．

KONDRATIEV，N. D.，（1984），*The Long Wave Cycle*（translated by Guy Daniels），（New York：Richardson & Snyder）．

LABAREE，D.，1988，*The Making of an American High School：The Credentials Market and the Central High School of Philadelphia*，1838 – 1939，（New Haven：Yale University Press）．

LADURIE，E. L.，1975，*Montaillou，Village Occitan de* 1295 *à* 1324，（Paris：Gallimard）．

LASCH，C.，（1979），*The Culture of Narcissism*，（Norton：New York）．

LAYTON，D.，（1972），Science as general education，Trends in Education.

LAYTON，D.，（1973），Science for the People，（London：George Allen and Unwin）．

LYBARGER，M. B.，（1987），"Need as Ideology：Social Workers，Social

Settlements, and the Social Studies". In Popkewitz, T. S. (ed) *The Formation of School Subjects: The Struggle for Creating an American Institution*, (London, New York and Philadelphia: Falmer Press).

LEVINSON, D. , (1979), *The Seasons of a Man's Life*, (New York, Ballantine Books).

LIEBERMAN, A. , (ed.), (1995), *The Work of Restructuring Schools*, (New York: Teachers College Press).

LLOYD TRUMP, J. , (1959), *Images of the Future*, (Urbana-Illinois: Committee on the Experimental Study of the Utilization of Staff in the Secondary School).

LOUIS, K. S. , & MILES, M. , (1990), *Improving the Urban High School: The What and the How*, (New York: Teachers College Press).

LYOTARD, J. , (1984), *The Postmodern Condition*, (Minneapolis: University of Minnesota Press).

MARSDEN, W. E. , (1979), "Historical approaches to curricular studies", in W. E. Marsden (ed) *Postwar Curriculum Development: an Historical Appraisal*, History of Education Society Conference Papers.

MARSH, C. J. , (1988), "The Development of a Senior School Geography Curriculum in Western Australia 1964 – 84". In Goodson, I. F. (ed) *International Perspectives in Curriculum History*, (London and New York: Routledge).

MCCULLOCH, G. , JENKINS, E. , & LAY TON, D, . (1985), *Technological Revolution* (London and Philadelphia: Falmer Press).

McCULLOCH, G. , (1995), *Essay Review of Changing Teachers, Changing Times*, by A. Hargreaves, *British Journal of Sociology of Education*, 16, No. 1.

MCKILLOP, A. B. , (1979). *A Disciplined Intelligence.* (Montreal: McGill-Queens University Press).

MEAD, M. , (1964), *Continuity in Cultural Evolution*, (New Haven: York University Press).

MENTER, I., MUSCHAMP, Y., NICHOLLS, P., OZGA, J., & POL-
LARD, A., (1997), *Work and Identity in the Primary School: A Post-Fordist
Analysis*, (Buckingham, UK: Open University Press).

MENTER, I., MUSCHAMP, Y., NICHOLLS, P., OZGA, J., & POL-
LARD, A., (1997), *Work and Identity in the Primary School: A post-Fordist
analysis*, (Buckingham, UK: Open University Press).

MEYER, J., & ROWAN, B., (1978), The structure of educational organiza-
tions, In J. Meyer & W. Marshall *et al.* (eds.), *Environments and Organiza-
tions: Theoretical and Empirical Perspectives*, (San Francisco: Jossey-Bass).

MEYER, J. W., (1977), The structure of educational organization, In J. W.
Meyer and W. Marshall *et al.* (eds), *Environments and Organizations*, (San
Francisco: Jossey-Bass).

MEYER, J. W., (1980), Levels of the educational system and schooling
effects, In C. E. Bidwell and D. M. Windham (eds.), *The Analysis of Educa-
tional Productivity*, 2 Vols, (Cambridge, MA: Ballinger).

MEYER, J. W., KAMENS, D. H., BENAVOT, A., CHA, Y. K., &
WONG, S. Y., (1992), *School Knowledge for the Masses*, (London, New
York and Philadelphia: Falmer Press).

MILLS, C. W., (1959), *The Sociological Imagination*, (Harmondsworth: Pen-
guin).

MONAGHA, J., & SAUL, W., (1987), "The Reader, the Scribe, the
Thinker: A Critical Look at Reading and Writing Instruction". In Popkewitz,
T. S. (ed) *The Formation of School Subjects: The Struggle for Creating an Ameri-
can Institution*, (London, New York and Philadelphia: Falmer Press).

MOON, B., (1986), *The "New Maths" Curriculum Controversy*, (London,
New York and Philadelphia: Falmer Press).

MOON, B., & MORTIMORE, P., (1989), *The National Curriculum, Strait-
jacket or Safety Net?*, (London: Colophon Press).

MURPHY, J. , (1990), The educational reform movement of the 1980's: A comprehensive analysis, In J. Murphy (ed.), The reform of American public education in the 1980s: Perspectives and cases, (Berkeley, CA: McCutchan).

MURPHY, J. , (1991), *Restructuring schools: Capturing and assessing the phenomena*, (New York: Teachers College Press).

MUSGRAVE, P. W. , (1988), *Whose Knowledge?*, (London, New York and Philadelphia: Falmer Press).

NESPOR, J. , (1997), *Tangled up in Schools: Politics, Space, Bodies and Signs in the Educational Process*, (New Jersey: Lawrence Erlbaum Associates, Inc).

NORWOOD REPORT, The. June 23, (1943), "Board of Education: Curriculum and Examinations in Secondary Schools" Report of the Committee, Chairman Sir Cyril Norwood, of the Secondary School Examination Council. (HMSO: London).

OSBORNE, J. , (1965), *Inadmissible Evidence*, (Faber: London). PEREZ, C. , (1983), Structural Change and the Assimilation of New Technologies in the Economic and Social System, *Futures*, Vol. 15.

PHENIX, P. M, (1964), *The Realms of Meaning*, (New York: McGraw-Hill).

POPKEWITZ, T. S. , (ed) (1987), *The Formation of School Subjects: The Struggle for Creating an American Institution*, (London, New York and Philadelphia: Falmer Press).

PURVIS, J. , (1985), "Domestic Subjects Since 1870" . In Goodson, I. F. (ed) *Social Histories of the Secondary Curriculum*, (London and Philadelphia: Falmer Press).

RADFORD, H. (1985), "Modern Languages and the Curriculum in English Secondary Schools" . In Goodson, I. F. (ed) *Social Histories of the Secondary Curriculum*, (London and Philadelphia: Falmer Press).

RAMIREZ, F. O. , & BOLI, J. , (1987), "The Political Construction of Mass

Schooling: European Origins and Worldwide Institutionalism. " *Sociology of Education*, 60: 2 – 17.

REEVES, R. , (2004), Big ideas—The triumph of the "I" in the *New Statesman*, 26 July.

REID, W. A. , (1984), Curricular Topics as Institutional Categories: Implications for theory and research in the history and sociology of school subjects, In I. F. Goodson and S. J. Ball (eds), *Defining the Curriculum: Histories and Ethnographies*, (London and Philadelphia: Falmer Press).

REID, W. A. , (1985), "Curriculum Change and the Evolution of Educational Constituencies: The English Sixth Form in the Nineteenth Century. " In *Social Histories of the Secondary Curriculum: Subjects for Study*, edited by I. F. Goodson, (London and Philadelphia: Falmer Press).

ROBSON, S. , (2001), Commentary, in *The Guardian*, 10 October. Ross, A. , (2001), Heads will roll, in *The Guardian Education*, January 23.

ROSENTHAL, D. B. , & BYBEE, R. W. , (1987), "Emergence of the Biology Curriculum: A Science of Life or Science of Living" . Popkewitz, T. S. (ed) *The Formation of School Subjects: The Struggle for Creating an American Institution*, (London, New York and Philadelphia: Falmer Press).

ROWELL, P. M. , & GASKELL, P. J. ,(1988), Tensions and Realignments: School Physics in British Columbia 1955 – 80. In Goodson, I. F. (ed) *International Perspectives in Curriculum History*, (London and New York: Routledge).

RUBINSTEIN, D. , & SIMON, R. , (1973), *The Evolution of the Comprehensive School* 1926 – 1972, (London: Routledge and Kegan Paul).

RUDOLPH, F. , (1977), *A History of the American Undergraduate Course of Study Since* 1636, (San Francisco: Jossey Bass).

SENNETT, R. , (1999) *The Corrosion of Character*, *The Personal Consequences of Work in the New Capitalism*, (London: W. W. Norton).

SHEEHY, G. , (1981), *Path Finders: How to Achieve Happiness by Conquering*

Life's Crises, (London: Sidgwick & Jackson).

SHEEHY, G., (1998), *Understanding Men's Passages, Discovering the New Map of Men's Lives*, (New York, Random House).

SHIPMAN, M., (1971), "Curriculum for Inequality." In *The Curriculum: Context, Design and Development*, edited by R. Hooper. (Edinburgh: Oliver and Boyd).

SILBERMAN, C., (1970), *Crisis in the Classroom*, (New York: Random House).

SILVER, H., (1977), "Nothing but the past, or nothing but the present?" *Times Higher Education Supplement*, Vol. 1.

SLEETER, C. E., (1987), "Why Is There Learning Disabilities? A Critical Analysis of the Birth of the Field in its Social Context". In Popkewitz, T. S. (ed) *The Formation of School Subjects: The Struggle for Creating an American Institution*, (London, New York and Philadelphia: Falmer Press).

SMITH, L. M., (1988), "Process of Curriculum Change: An Historical Sketch of Science Education in the Alte Schools". In Goodson, I. F. (ed) *International Perspectives in Curriculum History*, (London and New York: Routledge).

SMITH, L. M., PRUNTY, J. P., DWYER, D. C., & KLEINE, P. F., (1986), *Educational Innovators: Then and Now*, Vol. 1, (London: Falmer Press).

SMITH, L. M., PRUNTY, J. P., DWYER, D. C., and KLEINE, P. F., (1987), *The Fate of an Innovative School*, Vol. 2, (London: Falmer Press).

SMITH, L. M., PRUNTY, J. P., DWYER, D. C., and KLEINE, P. F., (1988), *Innovation and Change in Schooling: History, Politics and Agency*, Vol. 3, (London: Falmer Press).

STAMP, R., (1982), *The Schools of Ontario*, 1876 – 1976, (Toronto: University of Toronto Press).

STANIC, G. M. A., (1987), "Education in the United States at the Beginning of the Twentieth Century". In Popkewitz, T. S. (ed) *The Formation of School Subjects: The Struggle for Creating an American Institution*, (London, New York and Philadelphia: Falmer Press).

States of Irritation, Editorial *The Guardian*, 21 March 1998.

The Word, 28 May, 1969.

STRAY, C. A. (1985), "From Monopoly to Marginality: Classics in English Education Since 1800". In Goodson, I. F. (ed) *Social Histories of the Secondary Curriculum*, (London and Philadelphia: Falmer Press).

TEITELBAUM, K., (1987), "Outside the Selective Tradition: Socialist Curriculum for Children in the United States, 1900 – 1920". In Popkewitz, T. S. (ed) *The Formation of School Subjects: The Struggle for Creating an American Institution*, (London, New York and Philadelphia: Falmer Press).

TEP: Montevideo; Editorial Popular: Madrid; Editorial Laboratorio Educativo: Caracas; IIPE UNESCO: Buenos Aires; Artmed Editoria: Porto Alegre.

THE TAUNTON REPORT, (1868), Schools Inquiry Commission.

TOMKINS, G. O., (1986), *A Common Countenance: Stability and Change in the Canadian Curriculum*, (Scarborough, Ontario: Prentice Hall).

TORRES, R. M., (2000), *One Decade of Education for All: The Challenge Ahead* [*Una Decada de Educacion Para Todos: La Tasrea Pendiente*], (FUM-TORRES, R. M., 2000, *One Decade of Education for All: The Challenge Ahead* [*Una Decada de Educacion Para Todos: La Tasrea Pendiente*], (FUM-TYACK, D., & HANSOT, E., (1992), *Learning Together: A History of Coeducation in American Public Schools* (New York: Russell Sage Foundation).

TYACK, D., & TOBIN, W., (1994), The "Grammar" of Schooling: Why Has it Been so Hard to Change? *American Educational Research Journal*, Vol. 31, No. 3, Fall.

UNIVERSITY OF CAMBRIDGE, Local Examinations Syndicate, (1958), Centennial Report, Cambridge.

VOGEL, D., (1988), *Fluctuating Fortunes: The Political Power of Business in America*, (New York, NY: Basic Books).

WARING, M. , (1985), 'To Make the Mind Strong, Rather than to Make it Full': Elementary School Science Teaching in London 1870 – 1904. In Goodson, I. F. (ed) *Social Histories of the Secondary Curriculum*, (London and Philadelphia: Falmer Press).

WASLEY, P. , (1994), *Stirring the Chalkdust: Tales of Teachers Changing Classroom Practice*, (New York: Teachers College Press).

WATSON, F. , (1909), *The Beginning of the Teaching of Modern Subjects in England*, (London: Pitman).

WEBSTER, J. R. , (1976), "Curriculum Change and 'Crisis'", *British Journal of Educational Studies*, Vol. 24. No. 3.

WESTBURY, I. , (1973), Conventional classrooms, "open" classrooms and the technology of teaching, In *Journal of Curriculum Studies*, Vol. 5, No. 2.

WHITTY, G. , (1985), "Social Studies and Political Education in England since 1945". In Goodson, I. F. (ed) *Social Histories of the Secondary Curriculum*, (London and Philadelphia: Falmer Press).

WHITTY, G. , (1997), Marketization, the state, and the re-formation of the teaching profession, In A. H. Halsey, H. Lauder, P. Brown and A. S. Wells (eds), *Education: Culture, Economy, Society*, (New York: Oxford University Press).

WOOLNOUGH, B. E. , (1988), *Physics Teaching in Schools 1960 – 85: Of People, Policy and Power*, (London, New York and Philadelphia: Falmer Press).

WRIGHT MILLS, C. , (1959), *The Sociological Imagination* (London: Oxford University Press).

YOUNG, M. , & SCHULLER, T. , (eds), 1988, *The Rhythms of Society*, (London & New York: Routledge).

YOUNG, M. , 1988, *The Metronomic Society: Natural Rhythms and Human Timetables*, (London: Thames & Hudson).

艾沃·古德森近年来的主要著作

Goodson, I. (2010). *Developing a narrative theory* (New York & London: Routledge).

Goodson, I., Biesta, G., Tedder. M., & Adair, N. (2010). *Narrative learning* (London and New York: Routledge).

Goodson, I. (2009). Listening to professional life stories: Some cross-professional perspectives, in *Teachers' career trajectories and work lives*, Eds Helle Plauborg & Simon Rolls, 3, 203 – 210 (Springer: Dordrecht, Heidelber, London and New York).

Goodson, I. (2009). Developing life and work histories of teachers, *Journal of Applied Research in Education*, 13, 1 – 13, November.

Goodson, I., & Deakin Crick, R. (2009). Curriculum as narration: Tales from the children of the colonised, *Curriculum Journal* (London and New York: Taylor and Francis).

Goodson, I. (2009). Personal history and curriculum study, *Leaders in Curriculum Studies: Intellectual Self-Portraits*, Eds. E. Short & L. Waks, Sense Publishers: Rotterdam/Boston/Taipei, 91 – 104.

Goodson, I., & Pik Lin Choi. (2008). Life history and collective memory as methodological strategies: Studying teacher professionalism, *Teacher Education Quarterly*, 35 (2), Spring, 5 – 28.

Goodson, I. (2008). "Schooling, curriculum, narrative and the social future", in *The Future of Educational Change*. International Perspectives. Edited by Ciaran Sugrue, 123 – 135 (Routledge: Abingdon).

Goodson, I., & Hargreaves, A. (2006). The rise of the life narrative, *Teacher Education Quarterly*, 33 (4), Fall, 7 – 21.

Goodson, I. (2005). *Learning, curriculum and life politics: The selected works of Ivor F. Goodson*, (Abingdon: Routledge).

译 后 记

2007 年，古德森教授访问北京师范大学教育学院（现教育学部），笔者正好在做"985"研究员，在与古德森教授交流之时，许下了将古德森教授的两部未出版的书稿译成中文的承诺，本书是其中的一本。本书的翻译，是一个团队合作的结果，得到了郭华教授以及当时还在读博的黄力、杨灿君两位年轻老师的积极响应，后来又喜获曾在古德森教授手下短期留学、现为北京师范大学教育学部博士生的高政同学的加盟。本书翻译分工如下：导论、第三章，郭华；第一章、第二章、第五章，黄力；第四章、第七章、第八章，杨灿君；第六章，贺晓星；最后由贺晓星、高政校译。

本书的翻译，迟至今日才最后完成，责任尽在笔者。2007 年 10 月，笔者提前终止了与北京师范大学教育学院的"985"研究员合同，转到南京大学教务处工作。本科教学评估、绩效考核以及考核标准的制定等，让笔者深刻体会到了古德森教授在本书中所说的"注重目标管理和绩效排行的新改革"所带来的冲击，在中国的高校，是怎样毁掉了"崇高的希望和鲜活的幻想"，让人如何不再去"追梦"。读着书中贝利、吉姆这些老师的故事，以及"我退出"这样的故事，真的是感同身受，仿佛就是自己在倾诉一般，有一种抑制不住的流泪的冲动。本书绝非仅是一本对外国教育改革的介绍，它实际上讲的就是当下的中国，就是发生在我们身边的事情。

感谢古德森教授的信任和耐心，我拖了这么长时间才把这本著作介绍给中国读者，除了表示内心的歉意外，似乎没有别的言辞可以表达自己的心情；感谢教育科学出版社韦禾老师、刘明堂老师的耐心等待，感谢书稿审读老师的精心校审，译稿迟迟交付不了出版社，一定给原定的出版计划增添了很多麻烦；感谢原教育科学出版社的郑庆贤老师的牵线搭桥，使得古德森教授有了再次走近中国读者的可能；感谢北京师范大学教育学部郭华教授、湖北民族学院法学院黄力老师、南京农业大学社会学系杨灿君老师，她们投入宝贵的时间和精力，完成了高质量的译稿；感谢高政同学的最后加盟，他不仅对全书作了认真仔细的校对，而且受古德森教授之托，写出了非常好的序。最后需要申明的一点是，本书的一校由笔者本人完成，二校由高政完成，最终的三校仍由本人完成，因此，错误之处，本人应付完全的责任。

贺晓星

2013 年 2 月 17 日

出 版 人　　所广一
责任编辑　　刘明堂
版式设计　　贾艳凤
责任校对　　贾静芳
责任印制　　曲凤玲

图书在版编目（CIP）数据

课程与学校教育的政治学：历史的视角／（英）古
德森著；黄力等译．—北京：教育科学出版社，
2013.11

ISBN 978 - 7 - 5041 - 7335 - 5

Ⅰ.①课…　Ⅱ.①古…②黄…　Ⅲ.①学校教育 - 研
究 - 世界　Ⅳ.①G51

中国版本图书馆 CIP 数据核字（2013）第 085479 号

北京市版权局著作权合同登记 图字：01 - 2013 - 5418 号

课程与学校教育的政治学——历史的视角
KECHENG YU XUEXIAO JIAOYU DE ZHENGZHIXUE——LISHI DE SHIJIAO

出版发行	教育科学出版社		
社　　址	北京·朝阳区安慧北里安园甲 9 号	市场部电话	010 - 64989009
邮　　编	100101	编辑部电话	010 - 64989419
传　　真	010 - 64891796	网　　址	http://www.esph.com.cn
经　　销	各地新华书店		
制　　作	国民灰色图文中心		
印　　刷	北京中科印刷有限公司		
开　　本	169 毫米×239 毫米　16 开	版　　次	2013 年 11 月第 1 版
印　　张	10.75	印　　次	2013 年 11 月第 1 次印刷
字　　数	148 千	定　　价	28.00 元